LA CIENCIA
DEL PENSAMIENTO POSITIVO

LORETTA GRAZIANO BREUNING

LA CIENCIA
DEL PENSAMIENTO POSITIVO

Acaba con tus patrones de pensamiento negativo
modificando tu química cerebral

EDICIONES OBELISCO

Si este libro le ha interesado y desea que le mantengamos informado de nuestras publicaciones, escríbanos indicándonos qué temas son de su interés (Astrología, Autoayuda, Psicología, Artes Marciales, Naturismo, Espiritualidad, Tradición…) y gustosamente le complaceremos.

Puede consultar nuestro catálogo en www.edicionesobelisco.com

Colección Psicología
LA CIENCIA DEL PENSAMIENTO POSITIVO
Loretta Graziano Breuning

1.ª edición: marzo de 2019

Título original: *The Science of Positivity*

Traducción: *Juan Carlos Ruiz Franco*
Corrección: *M.ª Jesús Rodríguez*
Diseño de cubierta: *Enrique Iborra*

© 2017, Loretta Graziano Breuning
Adams Media, 1230 Avenue of the Americas, New York, NY 10020, USA
(Reservados todos los derechos)
© 2016, Ediciones Obelisco, S. L.
(Reservados los derechos para la presente edición)

Edita: Ediciones Obelisco, S. L.
Collita, 23-25. Pol. Ind. Molí de la Bastida
08191 Rubí - Barcelona - España
Tel. 93 309 85 25 - Fax 93 309 85 23
E-mail: info@edicionesobelisco.com

ISBN: 978-84-9111-437-6
Depósito Legal: B-5.044-2019

Printed in Spain

Impreso en los talleres gráficos de Romanyà/Valls S. A.
Verdaguer, 1 - 08786 Capellades - Barcelona

Para mis hijos, Lauren y Kyle, que me han ayudado a aprender sobre el cerebro comenzando por lo más simple.

INTRODUCCIÓN

Todo el mundo puede sentirse positivo. Todo el mundo puede disfrutar de las sustancias cerebrales de la felicidad, las cuales generan positividad.

Esto puede sonar ingenuo porque el mal en el mundo es demasiado obvio. La negatividad puede parecer una respuesta inteligente al mundo que te rodea. Pero, cuando sabes cómo tu cerebro genera esa respuesta, tienes el poder de crear otra nueva.

Hemos heredado un cerebro que siente inclinación a ser negativo. No es que queramos sentirnos mal; al contrario, nuestro cerebro ha evolucionado para adoptar sentimientos positivos. Nos volvemos negativos porque nuestro cerebro espera que la negatividad nos siente bien. Esta paradoja cobra sentido cuando conocemos el sistema operativo que hemos heredado de nuestros antepasados, los animales. Todos los mamíferos tienen las mismas sustancias químicas controladas por las mismas estructuras cerebrales básicas. Tu cerebro de mamífero te recompensa con buenas sensaciones cuando haces cosas al servicio de tu supervivencia. Pero tu cerebro define la supervivencia de forma inestable. Por eso acabamos desarrollando patrones que nos sientan mal en nuestro intento por sentirnos bien.

Puedes transcender tu negatividad natural de mamífero. Puedes entrenar a tu cerebro para que se vuelva positivo. Este libro muestra cómo se puede emprender la renovación hacia la positividad en seis semanas, dedicando sólo tres minutos diarios. La positividad no conlleva ignorar la realidad de la vida, sino modificar la tendencia natural del cerebro de ignorar todo lo positivo. Ya sea que te sientas frustrado por tu propia negatividad o por la de los otros, *La ciencia del pensamiento positivo* te ayudará.

En primer lugar examinaremos las sustancias químicas negativas y positivas que determinan el funcionamiento de tu cerebro. Después aprenderás a controlar la negatividad con tu Acción Personal y Expectativas Realistas. Puedes desarrollar un hábito de pensamiento positivo que te permita introducir todas las cosas buenas que tu mamífero interno pasó por alto.

Tal vez consideres difícil creer que haya cosas buenas que has pasado por alto. Es fácil pensar que tus respuestas internas están causadas por hechos externos, porque es lo que sostiene la parte verbal de tu cerebro. Pero tu cerebro de mamífero no procesa el lenguaje, por lo que tus dos cerebros no se dirigen la palabra. Tus respuestas internas se basan en rutas neuronales allanadas por tus anteriores subidones y bajones neuroquímicos. La electricidad de tu cerebro fluye por esas viejas rutas, a menos que generes otras nuevas. ¡Este libro te enseña a desarrollar nuevos caminos y proporciona a tu electricidad un nuevo lugar por donde fluir!

CAPÍTULO 1

POR QUÉ TU CEREBRO SE VUELVE NEGATIVO

La negatividad le sienta bien a tus viejos circuitos,
pero puedes desarrollar otros circuitos nuevos y positivos.

¿Te sientes mal cuando observas el mundo actual? ¿Estás rodeado de personas que sólo parecen concentrarse en lo malo? ¿Te gustaría disfrutar de respuestas más positivas, pero temes que pueda ser algo imprudente o imposible?

Tu respuesta al mundo es un hábito aprendido. Nuestros hábitos son difíciles de detectar porque son sólo rutas físicas en el cerebro. Estas rutas canalizan la electricidad de tus entradas de información a tus sustancias químicas cerebrales positivas o negativas. Tus rutas se construyeron a partir de tu propia experiencia de la vida. Las experiencias positivas y negativas de tu pasado construyeron las rutas neuronales que canalizan hoy tu electricidad.

Los patrones de pensamiento negativo no conllevan que haya algo malo en ti. La negatividad es natural. La ciencia del pensamiento positivo te muestra por qué tu cerebro de mamífero tiende a volverse negativo a menos que realices un ajuste muy sencillo. Este libro no te explicará cómo puedes sentirte positivo –eso depende de ti–, sino cómo se han desarrollado tus viejas rutas y cómo construir otras nuevas. ¡Cualquiera puede hacerlo!

11

En este capítulo conocerás al mamífero interior cuyos subidones y bajones neuroquímicos se explican detenidamente más adelante, en este libro.

OBSERVANDO TU PERSPECTIVA SOBRE LA VIDA

Puede que pienses que: «Las cosas malas que veo son bastante reales». Pero este simple hecho muestra lo fácil que es que tu cerebro se vuelva negativo: los excrementos de perro eran un peligro muy común en las aceras, cuando yo era joven. Era normal dejar que tu mascota defecara en público, y no podíamos imaginar un mundo en el que la gente limpiara habitualmente lo que expulsaban sus mascotas. En la actualidad, la mayoría de las calles están por fin libres de excrementos de perro. ¿Hizo eso feliz a alguien? En absoluto. Nos enfadamos por los inconvenientes ocasionales en lugar de tener en cuenta la enormidad del logro. Lamentarnos por un patán que ensucia la acera parece más normal que alegrarnos por los miles de éxitos higiénicos. Este hábito de pensamiento «normal» no nos deja con una visión más precisa del mundo, sino que nos deja sintiéndonos hechos una mierda.

Puede que pienses que la ira fue necesaria para generar ese cambio. Tal vez pienses que la negatividad te aporta poder. Pero ésta suele ser sólo un hábito. La perspectiva histórica nos ayuda a ver esto, por lo que a continuación citamos un buen ejemplo. En 1896, el periódico *London Spectator* informaba de que la sociedad quedaría arruinada por la invención de la bicicleta. Según las personas angustiadas de aquel momento, la bicicleta acabaría con las conversaciones serias al permitir a la gente ir de un lado a otro y distanciarse de los grupos sociales más lejanos en lugar de detenerse a mantener largas charlas con un grupo. Las conversaciones también se verían afectadas por las tempranas horas de irse a dormir que generaría ese ejercicio físico adicional, se decía. Observa el cerebro humano en acción, cómo busca con afán cosas negativas. Tal vez creas que no te han convencido esas antiguas sandeces, pero quizá te convenza alguna nueva.

La mayoría de la gente se siente orgullosa de su agudo sentido con respecto a los defectos del mundo, por lo que es difícil pensar en las pro-

12

pias críticas como una red neuronal que puede ser reemplazada fácilmente. Pero vemos las cosas de forma distinta cuando comprendemos el sistema operativo que hemos heredado de nuestros antepasados animales. Las sustancias químicas cerebrales que nos hacen sentir bien (como por ejemplo la dopamina, la serotonina, la oxitocina y las endorfinas) las hemos heredado de nuestros antepasados, los mamíferos. Ellas permiten que un mamífero consiga sobrevivir recompensando las conductas de supervivencia con una buena sensación. Cuando sabes cómo funcionan las sustancias químicas de la felicidad en el estado de la naturaleza, la negatividad cobra sentido. Antes de que examinemos esta cuestión, definamos la «negatividad».

El cerebro de un mamífero dice:
Las sustancias químicas que nos hacen sentir bien (como la dopamina, la serotonina, la oxitocina y las endorfinas) las hemos heredado de otros mamíferos.

NEGATIVIDAD Y CINISMO

Los patrones de pensamiento negativo presentan una gran variedad, pero podemos utilizar un patrón de pensamiento negativo muy general a fin de ilustrarlos: el cinismo. Este hábito de pensar: «Algo va mal en el mundo» o «Todo es decadente» está muy difundido. Aunque el lector no comparta este hábito, probablemente conozca a mucha gente que sí lo hace.

En una ocasión estaba yo sentada en un café, en Albania, cuando de repente el cinismo cobró sentido para mí. Me estaba entrevistando una periodista albanesa sobre mi libro acerca de la resistencia al soborno. Tenía un traductor junto a ella, y yo, un traductor conmigo, por lo que todo lo que nos decíamos debía pasar por muchos cerebros. Cuando yo utilizaba la palabra «cinismo», los tres albaneses iniciaban una ráfaga de debates. Yo no podía entenderlos, pero escuché el término «pesimismo», en mi idioma.

—¡No! Les interrumpí–. ¡El cinismo no es lo mismo que el pesimismo! Entonces me detuve. ¿Cómo podía explicar la diferencia de una forma que se impusiera a esa torturadora cadena de comunicación? La

13

respuesta me llegó cuando recordé las curiosas sonrisas que veo en las caras de la gente al decir «El mundo se va al garete». Está claro que el pesimismo es una cualidad poco feliz, pero la gente parece extrañamente feliz cuando proclama su cinismo.

Yo quería saber por qué, por lo que empecé a debatir sobre el cinismo en cualquier lugar que podía. Por lo general, obtenía la misma respuesta: «¿A qué tipo de cinismo te refieres?». Las personas parecen efectuar una clara distinción entre buen cinismo y mal cinismo, pero suelen definir «bueno» de un modo que significa «mis aliados sociales» y «malo», «mis rivales sociales». Por ello, consideran que el cinismo es una abominable forma de egoísmo en lo que concierne a ellos, pero una forma de realismo esencial en relación con nosotros. Este libro no se refiere a ellos ni a nosotros. No toma partido sobre la virtud relativa de un grupo u otro de personas. Eso puede parecer erróneo, porque todos tenemos fuertes sentimientos sobre la superioridad de nuestra propia ética. Pero este sencillo experimento mental nos ayuda a superar todo eso.

Imagina que te encuentras en un cruce con una señal de «stop». Llega otro conductor, se salta la señal y piensas: «¡Esto es intolerable! Podía haber matado a alguien. ¿Dónde está la policía? ¿Qué ocurre en este mundo?». Pero al día siguiente te saltas una señal de «stop». La policía está allí y te pone una multa. Eso dispara tu cortisol, que activa los circuitos que te dicen: «¡Todo el mundo lo hace! ¿Por qué me castigan a mí? ¡El sistema apesta! ¿Qué ocurre en este mundo?».

La confianza en tu propia honradez te impulsa a una respuesta siempre perdedora en esta situación, en la que te sientes en peligro en la carretera y perjudicado por las normas. Una visión positiva de la vida produciría una respuesta distinta. Te darías cuenta de que las leyes de tráfico te protegen de un daño potencial. Serías consciente de que ningún sistema de imposiciones puede castigar todas las transgresiones, pero al saltarte el «stop» te has arriesgado a recibir un castigo ya que has violado las normas. Puedes disfrutar de la sensación ganadora de que las leyes te protegen ante quienes exceden el límite de velocidad, y controlar tu propia velocidad te protege de las multas de tráfico.

No verás el lado bueno si buscas el malo. Es natural buscar el malo porque la mente no derrocha energía controlando lo que termina bien. No apreciamos el milagro diario que constituyen esos proyectiles pesados

14

circulando los unos junto a los otros a grandes velocidades, con total seguridad. No aplaudimos al sistema legal cuando hace respetar las normas sin sobornos, trapicheos y tribalismo. Nuestras mentes se concentran en las amenazas.

Cada cerebro contempla lo justo y lo injusto a través de la lente de sus propias necesidades de supervivencia en cada momento. Tendemos a invocar el mayor bien para explicar nuestros propios esfuerzos por la supervivencia, mientras condenamos los esfuerzos de nuestros rivales como «cínicos». Las buenas intenciones de nuestros aliados sociales parecen obvias, y las malas intenciones de nuestros adversarios sociales también parecen obvias. (Los psicólogos llaman a esto el «error de atribución fundamental»). En este libro evitaremos prejuicios sobre los chicos buenos y malos para concentrarnos en lo que todos tenemos en común: un cerebro diseñado por selección natural.

TU MAMÍFERO INTERNO

El sistema de supervivencia de los mamíferos es simple: se libera una sustancia química que nos hace sentir bien cuando el cerebro ve algo bueno para su supervivencia, y una sustancia química que nos hace sentir mal cuando ve una amenaza para la supervivencia. Las sustancias químicas positivas motivan al mamífero a aproximarse a las cosas que las estimulan, y las negativas motivan a evitar las cosas que las estimulan. Un mamífero sobrevive persiguiendo lo que le hace sentir bien y evitando lo que le hace sentir mal.

. . . .
El cerebro de un mamífero dice:
Las sustancias químicas positivas motivan a un mamífero a aproximarse a las cosas que las estimulan, y las negativas a evitar las cosas que las estimulan.
. . . .

Tal vez creas que estás demasiado evolucionado para preocuparte por tu propia supervivencia. Puede que te hayan dicho que no está bien concentrarse sólo en la supervivencia. Pero piensas esto con tu corteza verbal,

15

que no controla tus sustancias químicas de la felicidad. Si quieres sentirte bien, tienes que hacer las paces con tu cerebro de mamífero. Este término se utiliza aquí para referirse a las estructuras cerebrales presentes en todos los mamíferos, que incluyen el hipocampo, la amígdala, el hipotálamo y las partes inferiores que se suelen conocer como el «cerebro de reptil». Todos los mamíferos también tienen una corteza, pero el tamaño importa en lo referente a ésta. La enorme corteza humana nos proporciona un acceso significativo a las asociaciones entre el pasado, el presente y el futuro. Puedes recurrir a ellas mientras te arrimas a lo bueno y te apartas de lo malo. Pero no puedes ignorar tu cerebro de mamífero. Éste conecta tu cerebro superior con tu cuerpo, por lo que, para que tenga lugar una acción, es necesaria una respuesta neuroquímica de tu cerebro de mamífero. Ambos cerebros están diseñados para trabajar juntos.

Tu cerebro de mamífero no informa a tu corteza sobre sus respuestas con palabras, porque éstas son abstracciones, y el cerebro de un mamífero no está diseñado para las abstracciones. Cuando te hablas a ti mismo, todo está en tu corteza. Puede que tengas la idea de que tu voz verbal interior lo es todo, pero ocurren muchas más cosas. Los animales constantemente están tomando decisiones sobre su supervivencia sin tener que expresarlas con palabras. Explorar la conducta animal nos ayuda a entender las señales positivas y negativas producidas por nuestro mamífero interno.

Imagina que eres una cebra que disfruta de una jugosa y verde hierba. De repente, hueles a un león. ¿Qué haces? Si corres, te pierdes el alimento tan necesario. Pero, si te quedas, las malas sensaciones que tienen lugar son mucho peores que los retortijones de tripa causados por el hambre. Afortunadamente, el cerebro de los mamíferos está diseñado para afrontar este tipo de dilemas. La cebra observa que el león se encuentra a una distancia segura. Sabe que puede comer mientras el león permanezca a esa distancia. Por tanto, no deja de vigilarlo mientras come, y tiene los ojos en la parte superior de su cabeza precisamente para este propósito.

Nosotros no tenemos esos ojos tan grandes, pero sí una corteza grande para controlar las potenciales amenazas. Igual que la hambrienta cebra, ver una amenaza puede ser más seguro que no verla. Fácilmente adoptamos el hábito de observar una amenaza. Nos sentimos bien cuan-

16

do captamos la amenaza porque significa que podemos volver con seguridad a cubrir nuestras necesidades.

Has heredado tu cerebro de individuos que sobrevivieron. Esto podría parecer obvio, pero es casi milagroso cuando piensas en ello. La tasa de supervivencia fue baja en el estado de naturaleza, y no obstante tus antepasados, en todo momento, lograron hacer lo que se necesita para tener hijos que, a su vez, sobrevivieron para tener hijos. Has heredado un cerebro que promueve la supervivencia haciendo sentirse bien.

Cubrir una necesidad nos hace sentir bien, pero escapar de una amenaza nos hace sentir incluso mejor. Esto tiene sentido porque una amenaza puede aniquilarte en un instante, pero por lo general puedes sobrevivir un poco más sin cubrir tus necesidades. El placer de aliviar una mala sensación es enorme, ya sea escapar de un criminal o encontrar tu teléfono móvil. No es de extrañar que las amenazas tengan prioridad en tu cerebro.

Los buenos sentimientos enmascaran tu sensación de amenaza, pero no están diseñados para estar activados todo el tiempo. Los buenos sentimientos evolucionaron para convertirse en breves impulsos cuando haces algo que cubre una necesidad. Después se desactivan y tienes que hacer más para conseguir más. Cuando finaliza un impulso químico feliz, las amenazas potenciales vuelven a atraer tu atención. Puede parecer como si algo estuviera mal, aunque tu cerebro esté volviendo a un estado neutral. Si reconoces la disminución de las sustancias químicas de la felicidad como un reajuste de la naturaleza, sabrás que no se trata de una crisis. Pero si esperas que se segreguen sustancias químicas de la felicidad en todo momento, te sentirás como si te sucediera algo muy malo. Tal vez percibas una urgente necesidad de hacer algo para que se detenga. Incluso es posible que hagas cosas que conlleven menos seguridad a largo plazo. Es mucho mejor que sepas que las sustancias químicas de la felicidad están diseñadas para alertarte de cosas que promueven la supervivencia, en lugar de que fluyan sin ninguna razón.

El cerebro del mamífero define la supervivencia de un modo poco convencional, y es una lástima porque eso complica la vida. Tu mamífero interior se preocupa por la supervivencia de tus genes (aunque no lo pienses conscientemente), y se basa en rutas neuronales que desarrollaste en la juventud. Esto tiene sentido en el estado de naturaleza, donde las cosas con las que te sientes bien son buenas para la supervivencia de tus genes. Pero el mamífero no nace con las habilidades de supervivencia de sus antepasados. Desarrolla las rutas que activan o inactivan sus sustancias neuroquímicas con cada experiencia. Por la época en que se han marchado los padres de un joven mamífero, éste tiene la red neuronal necesaria para cubrir sus necesidades.

CÓMO SE DISEÑÓ TU RED NEURONAL

Los humanos nacemos con miles de millones de neuronas, pero con muy pocas conexiones entre ellas. Desarrollamos esas conexiones a partir de la experiencia de la vida, comenzando desde el momento de la concepción. No necesitamos recordar esas experiencias para que ejerzan poder sobre nosotros. La electricidad de tu cerebro fluye como el agua en una tormenta y encuentra el camino que opone menos resistencia. Los sentimientos buenos y malos equivalen a recorrer caminos en tus rutas neuronales. Cualquier cosa que se identificó como buena o mala en tu pasado conectó todas las neuronas activas en ese mismo momento. Ahora la electricidad puede recorrer esa ruta y decirte cómo conseguir más cantidad de esas cosas buenas o evitar lo que causaba las malas sensaciones.

. . . .

El cerebro de mamífero dice:
Cualquier cosa que se identificó como buena o mala en tu pasado conectó todas las neuronas activas en ese mismo momento. Ahora la electricidad puede recorrer esa ruta y decirte cómo conseguir más cantidad de esas cosas buenas o evitar lo que causaba las malas sensaciones.

. . . .

Algunas rutas neuronales se convierten en las superautopistas de tu cerebro, gracias a una sustancia llamada mielina». Ésta recubre las neuronas de la forma en que un material aislante recubre un cable, lo cual permite que la electricidad fluya a velocidades extremas. Cualquier cosa que hagas con las neuronas mielinizadas parece ser natural y sencillo. Cualquier cosa que hagas con las neuronas no mielinizadas parece laborioso e incierto. La mielina es abundante en el cerebro antes de los ocho años de edad, y durante la pubertad. De este modo, acabamos viendo el mundo a través de una lente configurada mientras estábamos en el instituto, y así sucede con todo el mundo. Por supuesto, podemos añadir cosas, pero tendemos a añadir hojas a nuestros árboles neuronales, y no a reemplazar las ramas. Cuando miramos el mundo a través de nuestra lente mielinizada, a menudo terminamos sintiendo que algo va mal.

EL PROBLEMA DE LAS SUSTANCIAS QUÍMICAS DE LA FELICIDAD

Tus sustancias químicas de la felicidad siempre están aumentando y disminuyendo. Así es como hacen su trabajo. Cuando aumentan, te sientes como si tus necesidades estuvieran cubiertas y que todo está bien en el mundo. Pero cuando disminuyen te sientes como si tuvieras problemas a menos que hagas algo urgentemente. A continuación ofrecemos una rápida revisión a lo que activa cada una de las sustancias de la felicidad, y explicamos por qué disminuyen rápidamente después de aumentar.

Dopamina

La excitación de la dopamina se libera cuando esperas cubrir una necesidad. Tus antepasados prehistóricos tuvieron que buscar siempre comida para sobrevivir, y la dopamina hizo que esto se percibiera como algo bueno. Cuando tus antepasados veían un árbol lleno de bayas maduras a cierta distancia, su dopamina aumentaba y se dirigían hacia él. La dopamina libera energía cuando se espera una recompensa, y también conecta las neuronas que te indican cómo encontrar más recompensas en el futuro.

Pero hallar un árbol de bayas no hacía que tus antepasados se sintieran bien para siempre. Su dopamina disminuía cuando llegaban al árbol porque ya había cumplido su tarea. El cerebro no malgasta dopamina con información antigua. Tus antepasados tuvieron que encontrar una nueva forma de cubrir una necesidad para disfrutar de más dopamina. La vida es un reto porque nuestro cerebro hace lo que damos por supuesto y ahorra dopamina para algo «nuevo y mejor». Puede que culpes de esto a nuestra sociedad. Yo hice eso, y lo mismo todos los que están a mi lado. Pero, cuando sabes cómo funciona el cerebro de un mamífero, puedes tener expectativas realistas. De lo contrario, es probable que pienses que algo va mal en el mundo cada vez que disminuye tu dopamina.

Oxitocina

Las buenas sensaciones de la dopamina se liberan cuando encontramos apoyo social. Los mamíferos buscamos seguridad en los grupos porque la oxitocina nos hace sentirnos bien. Pero la vida en una manada de mamíferos no siempre es cálida y tranquila. Tus compañeros suelen interponerse entre tú y tu comida, o en las posibilidades de aparearte que has previsto. Si te apartas de ellos, tu oxitocina disminuye y tu cortisol aumenta. Sientes como si algo malo estuviera a punto de suceder. En el estado de naturaleza, esto motiva a los animales a permanecer en la manada y a evitar la muerte instantánea a manos de algún depredador. Actualmente, sufrimos ansiedad cuando creemos que no tenemos apoyo social. Podemos aliviar esa ansiedad uniéndonos a una u otra manada, pero el resultado a menudo no es tan bueno como esperábamos. Por ello, acabamos sintiéndonos frustrados cuando nos encontramos en una manada y también frustrados cuando no lo estamos. Imaginamos una manada mejor que nos permita sentirnos seguros en todo momento, pero parece que nunca la encontramos. Es como si algo estuviera mal en el mundo. Pero, cuando conocemos a nuestro mamífero interior, podemos desarrollar expectativas realistas sobre la disminución de la oxitocina.

Serotonina

La buena sensación de la serotonina aparece cuando encontramos un camino por el que avanzar. Puede que culpemos a los deseos competitivos en nuestra sociedad, pero la conducta jerárquica forma parte de la vida diaria de todo animal. Formar parte de grupos obliga a los mamíferos más débiles y a los más fuertes a convivir. Cuando alguien ve un apetitoso trozo de comida o una oportunidad de tener pareja, otro también los ve. La selección natural ha desarrollado un cerebro que se compara constantemente con los otros. Si un mamífero se da cuenta de que es más débil que el individuo que hay a su lado, se reprime para evitar el problema derivado del conflicto. Si ve que es más fuerte, libera serotonina y se siente bien. Esta sustancia no conlleva agresión, sino la agradable sensación de que es seguro actuar siguiendo nuestros deseos para cubrir nuestras necesidades.

Sin embargo, todo subidón de serotonina se metaboliza rápidamente, por lo que el cerebro siempre busca otra forma de estimularse. Tener una posición ventajosa ayudaba a los mamíferos a difundir sus genes. En el mundo actual, no intentamos difundirlos. Luchamos por encontrar formas de disfrutar de la serotonina sin las consecuencias perjudiciales de que nos consideren unos patanes. Sentirnos moralmente superiores a los demás es una solución muy popular. Pero la serotonina que segregamos se procesa rápidamente y tenemos que volver a sentirnos superiores para obtener más. Si no entendemos el deseo natural del cerebro de dominar socialmente, es probable que pensemos que algo va mal en el mundo.

Endorfinas

La buena sensación de las endorfinas se libera cuando experimentamos dolor físico. Suele estar asociada con el «subidón del corredor», pero los corredores sólo la obtienen si corren hasta sufrir dolor. Las endorfinas enmascaran el dolor con una buena sensación, lo que permite a un mamífero herido hacer lo que sea necesario para buscar seguridad. Las endorfinas se agotan pronto porque el dolor es una información vital. Nos impulsa a no tocar un fogón caliente o a no correr con una pierna fracturada. Las endorfinas evolucionaron para las emergencias, no para que nos provoquemos dolor a nosotros mismos para disfrutar de ellas. Cualquiera que las desee descubre que el cerebro se habitúa y se necesita cada vez más dolor para sentirse bien. Ésta es una estrategia de supervivencia muy mala. Sobrevivimos mejor contentándonos con segregarlas sólo para las emergencias. Pero los humanos encontramos diversas formas de buscar endorfinas, y esto suele generar tragedias. No trataremos más sobre las endorfinas en este libro porque no estamos diseñados para estimularlas voluntariamente.

¿QUÉ SUCEDE CON EL CORTISOL?

El dolor lo causa el cortisol. En el mundo actual, el cortisol se conoce como la «sustancia química del estrés». El estrés es la anticipación del dolor desde la perspectiva del mamífero interior que habita en cada uno de nosotros. Un cerebro pequeño establece el pequeño vínculo entre el olor de un león y el dolor que causa las mandíbulas del león. Un cerebro

21

grande puede anticipar una serie significativa de estímulos que conllevan un posible dolor futuro. El dolor social se produce en el cerebro del mamífero cuando ve una potencial amenaza futura a la hora de cubrir sus necesidades sociales. Cuando nuestro mundo se encuentra relativamente libre de dolor físico, el dolor social atrae nuestra atención.

El cortisol es el sistema de transmisión de emergencia de la naturaleza. Las neuronas se conectan cuando fluye el cortisol, por lo que cualquier cosa que nos haya causado dolor ha establecido una ruta neuronal en nuestro cerebro. Eso facilita activar la alarma del cortisol cuando vemos algo similar en el futuro. Un cerebro grande puede ver semejanzas en una serie enorme de detalles. Podemos segregar mucho cortisol, incluso en una vida más bien buena. Esta sustancia nos motiva a buscar urgentemente formas de aliviar el estrés. Cualquier cosa que mitigara nuestro cortisol en el pasado conectó neuronas que desencadenan expectativas de alivio en el futuro.

Decirnos a nosotros mismos: «Algo va mal en el mundo» conlleva un sorprendente alivio. Ayuda a mitigar el cortisol ofreciendo una amenaza que vigilar. Estimula nuestra serotonina, puesto que nos sentimos superiores a quienes no han podido hacerlo. Estimula la oxitocina contribuyendo a que nos relacionemos con aquellos que comparten nuestras preocupaciones. Estimula la segregación de dopamina ayudándonos a concentrarnos en nuevas recompensas. Por desgracia, las buenas sensaciones se metabolizan pronto y tenemos que volver a sentirnos mal con el mundo para estimular más. Podemos programarnos fácilmente en relación con este hábito.

PROGRAMÁNDONOS PARA EL PENSAMIENTO POSITIVO

Cuando tenemos una sensación de crisis, parece que la evidencia externa es la causa. Pero, cuando conocemos las causas internas de la negatividad, podemos crear positividad en su lugar. En el capítulo 6 se ofrece un sencillo método para conseguir esto: reducir la negatividad con la Acción Personal y las Expectativas Realistas. La acción personal es la conciencia de que podemos cubrir nuestras necesidades reales mediante nuestras propias acciones. Las expectativas realistas constituyen el conocimiento de que las recompensas son impredecibles, y la frustración no es una amenaza para la supervivencia. Cuando reducimos nuestra negatividad cosechamos los frutos porque las expectativas realistas generan una acción personal. Con expectativas realistas sobre la química cerebral que hemos heredado, actuamos individualmente para cubrir nuestras necesidades en lugar de esperar que el mundo lo haga por nosotros. No siempre conseguimos lo que buscamos, pero disfrutamos de nuestra propia acción en lugar de lamentar que el mundo no responda a nuestras expectativas.

El capítulo 6 ofrece un sencillo ejercicio que sólo conlleva tres minutos diarios y que nos reprograma en seis semanas. Podemos empezar hoy mismo. No tenemos que esperar a que cambie el mundo. No tenemos que esperar a que lo aprueben quienes nos rodean. Sólo debemos concentrarnos en todo lo bueno que nos rodea, hasta que nuestra electricidad tenga un nuevo lugar por donde fluir. El capítulo 7 nos ayuda a ver el aspecto del mundo cuando nos quitamos las gafas que nos hacen ver una crisis.

Yo tuve una gran experiencia positiva en el Valle de los Monos (La Vallée des Singes, en Francia). Era la hora de dar de comer a los mandriles, y un guarda estaba explicando cómo el mandril hembra se esfuerza por aparearse con el macho cuyos colores son más brillantes. Los mandriles macho tienen el pelo con rayas de colores del arcoíris en sus cara y su trasero. No pueden controlar el color de su pelo directamente, pero sus cuerpos han evolucionado para producir colores más brillantes cuando dominan a sus compañeros de grupo. Los duros hechos de la competitividad animal resultan incómodos para muchas personas. Tal vez prefiramos imaginar que la naturaleza es prístina e igualitaria. Nos parece doloroso pensar en machos de color gris sentados alrededor, viendo a los especímenes más coloridos emprender todas las acciones. Es triste pensar en los mandriles hembra que acaban quedándose solas porque todas han acudido hacia el mismo macho. Pero había alto muy positivo detrás de todo esto. Le pregunté al guarda sobre la relación de los mandriles con los babuinos porque había observado muchas semejanzas. Me dijo que los mandriles son menos violentos. Los babuinos compiten por las hembras con luchas físicas directas, pero los mandriles rara vez recurren a la violencia física porque compiten basándose en la apariencia. ¡Qué idea tan fabulosa! Cuando la competición basada en las apariencias nos causa frustración en la vida diaria, es bueno pensar que éstas son un sustituto evolucionado de la violencia.

El guarda explicó que los mandriles salvajes tienen colores mucho más brillantes que los que vemos en el zoo. En la naturaleza, los mandriles viven en grandes grupos en los que la competición es más intensa que en los pequeños. Esto estimula la secreción de más hormonas, lo cual conduce a una señalización sexual más intensa. Las hembras comparten esta competitividad tanto como los machos. Las más fuertes se esfuerzan por obtener mejores genes para sus crías, que por tanto tendrán el pelo más brillante y harán más copias de los genes de su madre. Por supuesto, los mandriles no son conscientes de estas explicaciones. Ellos simplemente hacen lo necesario para estimular sustancias químicas de la felicidad en el cerebro, desarrolladas por selección natural.

Puede que condenemos toda competición con nuestro cerebro verbal, pero nuestro mamífero interior se preocupa por nuestra supervivencia. Con expectativas realistas nos daríamos cuenta de que es normal que los demás tengan los mismos deseos que nosotros. Si queremos la habitación que dispone de vistas, no es de extrañar que otros también la deseen. Es posible que nos burlemos de quienes pelean por la habitación buena mientras ignoramos nuestros propios deseos con respecto a ella.

Criticar el mundo que nos rodea es un derroche de energía. Un mandril no malgasta energía criticando «el sistema», aunque su vida sea mucho más dura que la nuestra. Si fuéramos un mandril macho, nuestro pelo sería valorado en todo momento y tendríamos que competir por el estatus social para estimular las hormonas. Como seres humanos modernos, podemos elegir cuándo y cómo competir. Podemos ver la rivalidad social de los mamíferos a través de la lente de la Acción Personal y las Expectativas Realistas. Podemos dejar de lado nuestro cinismo y sentirnos bien en el mundo tal como es.

El cinismo es algo generalizado en el mundo que nos rodea. Todas las personas insisten en que las cosas van mal y están empeorando. Dicen que nuestros líderes son malos, nuestra cultura es mala, nuestra salud es mala, nuestra especie es mala, nuestro mundo está en decadencia, el último siglo fue el peor de todos, y este milenio ya está perfilándose como malo. Cuando oigo esto, me recuerdo a mí misma que el cerebro se vuelve negativo porque desea sentirse bien.

24

Resumen científico

El cerebro de mamífero fomenta la supervivencia buscando formas de estimular sustancias químicas positivas y de evitar las negativas.

- Nuestras sustancias químicas cerebrales positivas (dopamina, serotonina, oxitocina) nos motivan a buscar cosas que las estimulen. Nuestra sustancia química cerebral negativa (el cortisol) nos motiva para evitar las cosas que la estimulan.

- Las sustancias químicas de la felicidad no están pensadas para mantenerse activadas en todo momento. Se liberan tan sólo cuando afrontamos alguna necesidad. Después disminuyen y tenemos que hacer más cosas para conseguir más.

- Las neuronas permanecen conectadas cuando las sustancias químicas cerebrales fluyen, lo cual nos programa para buscar todo aquello que antes estimuló la segregación de las sustancias químicas de la felicidad y para evitar las que estimularon el cortisol.

- La disminución de las amenazas es la principal prioridad del cerebro. Cualquier cosa que atenuara una amenaza en el pasado diseña una ruta que desencadena expectativas positivas sobre claves similares en el futuro.

- Todos los mamíferos segregan las mismas sustancias químicas cerebrales, manipuladas por las mismas estructuras cerebrales centrales.

- Los seres humanos también tenemos una corteza de gran tamaño que nos permite manipular las abstracciones, como por ejemplo las palabras. El cerebro de un mamífero no procesa el lenguaje y no informa con palabras de por qué activa y desactiva las sustancias químicas.

- La negatividad se percibe como buena cuando las antiguas rutas la conectan con la expectativa de sustancias químicas de la felicidad o aliviando el efecto del cortisol.

25

- La mielina aísla las neuronas de la misma forma que el plástico aísla los cables, con lo que transforma algunos circuitos neuronales en superautopistas con una enorme velocidad de procesamiento (como la fibra óptica en comparación con el anticuado cable de cobre). Las redes neuronales que hemos mielinizado en la juventud nos dicen al instante lo que es bueno para nosotros y lo que no lo es. El mundo tiene sentido sin que tengamos que hacer esfuerzo alguno por nuestra parte cuando la información fluye por los circuitos mielinizados.

- La electricidad del cerebro fluye como el agua en una tormenta, que encuentra las rutas de menor resistencia. Nuestra electricidad seguirá utilizando las antiguas rutas a menos que diseñemos otras nuevas.

- La acción personal consiste en la conciencia de que podemos cubrir nuestras necesidades reales mediante nuestras propias acciones. Las expectativas realistas constituyen el conocimiento de que las recompensas son impredecibles, y la frustración no es una amenaza para la supervivencia. Podemos reducir nuestra negatividad y disfrutar del acto de cubrir nuestras necesidades, en lugar de lamentarnos porque el mundo no lo ha hecho por nosotros.

26

CAPÍTULO 2

LA POSITIVIDAD DE ESCAPAR DE LAS AMENAZAS

*Escapar de una amenaza sienta bien y te motiva
a repetir las conductas que generan la buena sensación.*

Nada promueve tanto la supervivencia como escapar de una amenaza, por lo que nada nos parece tan bueno.

El cortisol evolucionó para hacernos sentir mal, por lo que cualquier cosa que detenga el flujo de cortisol hace que nos sintamos bien. Luchar, huir, quedarnos paralizados y ser aduladores detiene las amenazas en el estado de naturaleza y hace que nos sintamos bien. (Adular es la estrategia de evitar daños sometiéndonos a la dominación social).

La negatividad es un procedimiento para luchar, huir, quedarnos paralizados o ser aduladores. Estos patrones de pensamiento nos ayudan a escapar de la sensación de amenaza, por lo que permiten sentirnos bien. Cuando se disipan las buenas sensaciones, siempre podemos repetirlas. Lamentablemente, tenemos que seguir sintiéndonos mal con el mundo para seguir disfrutando de esas buenas sensaciones.

Este capítulo muestra cómo la sustancia química de la infelicidad genera un sentimiento de crisis, y cómo desarrollamos hábitos para conseguir alivio. Esos hábitos a veces aumentan nuestra sensación de crisis, pero tenemos poder sobre ellos cuando sabemos de dónde proceden.

El cerebro humano evolucionó en un mundo lleno de amenazas, por lo que escapar de ellas se convirtió en la tarea número 1. Una vez se activa el cortisol, cualquier cosa que lo inactive, incluso durante un momento, hace que nos sintamos bien. La famosa respuesta de lucha o huida inactiva el cortisol, y por ese motivo es tan generalizada. Estamos acostumbrados a considerar que esta respuesta es algo malo, pero ayuda a saber que luchar y huir son las herramientas que un mamífero tiene para escapar de las amenazas. Nos sentimos bien al luchar o huir, en comparación con el horror de no hacer nada ante una amenaza.

Cuando los humanos nos sentimos amenazados, también percibimos una urgente necesidad de «hacer algo» para aliviar la amenaza. Nuestra gran corteza nos ayuda a analizar muchos detalles sobre nuestras opciones. Somos conscientes de que luchar conlleva consecuencias. Nos damos cuenta de que huir también implica consecuencias. Un cerebro grande puede mejorar sus perspectivas luchando o huyendo de forma abstracta. La negatividad es una forma de luchar o huir sin emprender acciones físicas. La negatividad hace posible luchar sin que se produzca daño físico alguno, y huir sin salir corriendo. Cualquier cosa que acabe con una mala sensación permite sentirnos bien.

Las neuronas se conectan cuando fluyen las sustancias neuroquímicas, por lo que si la negatividad mitiga un mal sentimiento esperamos más alivio de una mayor negatividad. Si obtenemos un momento de alivio cuando nos decimos a nosotros mismos: «No siempre es así», nos programamos para decir: «No siempre es así» de nuevo.

CÓMO EL CEREBRO CONSTRUYE UNA AMENAZA

Probablemente hayamos oído la expresión: «Huelo los problemas». Es una buena forma de recordar el hecho de que los problemas son información que captamos a través de los sentidos. Una cebra se siente amenazada porque las moléculas del león que han llegado a su nariz activan las neuronas que envían electricidad a su cortisol. Una cebra no se siente amenazada porque tenga el concepto cognitivo de ser comida viva por unos vecinos que siempre estarán ahí. No tiene suficientes neuronas para llevar a cabo una abstracción. No está interesada en generalizaciones filosóficas sobre el estado del mundo. Sólo quiere hacer algo para detener la segregación de cortisol. Y el primer paso para conseguir esto es obtener más información sobre la amenaza. En un momento de crisis, el cerebro de la cebra se concentra hábilmente en las evidencias sobre la localización del león y descarta otros datos.

Nosotros, los mamíferos, siempre estamos buscando información que pueda ayudarnos a escapar de los daños. La gran corteza humana es especialmente buena en detectar evidencias de amenaza. Tenemos diez veces más neuronas que van desde el cerebro a los ojos que las que van desde los ojos al cerebro. Esto significa que estamos diez veces más preparados para encontrar la información que buscamos con el fin de procesar lo que se nos presente. Una vez se activa el cortisol, somos muy buenos en el acto de buscar señales de amenaza.

Pero ¿qué es lo que activa el cortisol? En el mundo moderno, no es el olor a león.

El cortisol, la sustancia química de la infelicidad, ha evolucionado para indicar el dolor físico. Puede que te sorprenda saber que el dolor es una información muy valiosa. Te motiva a apartar rápidamente tu mano de un fogón caliente. No tienes que tocar un fogón caliente dos veces porque el cerebro recuerda todo lo que sucede mientras fluye el cortisol. Inmediatamente aprendes a evitar cualquier cosa que recuerde a un fogón caliente. Esta capacidad de almacenar y recuperar experiencias se basa en una sustancia química llamada «acetilcolina», la cual desencadena la sensación que consiste en «recordar lo que ocurrió la última vez que hiciste eso». La adrenalina añade la sensación de que algo es muy urgente. Si decides caminar sobre brasas calientes, un subidón de adrenalina te alerta del alto riesgo. La adrenalina y la acetilcolina responden tanto a las cosas buenas como a las malas, como por ejemplo la visión de alguien especial o un olor delicioso. Ambas aceleran tu motor para entrar en acción, pero el cortisol dice a tu motor que lo evite y no se acerque. El cortisol es la sustancia química que distingue la mala excitación de la buena.

El cortisol se encuentra en las lagartijas, las ranas, los peces, los moluscos e incluso las amebas. Promueve la supervivencia provocando una

29

sensación tan mala que el organismo deja de hacer otras cosas para concentrarse en aliviarla. El cerebro aprende del dolor, pero un cerebro pequeño sólo aprende a evitar un fogón caliente que sea igual que el que causó el dolor. Un cerebro grande activa una enorme red de circuitos, por lo que el individuo aprende a evitar cualquier cosa que sea vagamente parecida a un fogón caliente.

Cuando un cerebro ve algo que antes ha causado dolor, la electricidad fluye hasta el interruptor del cortisol y alerta al cuerpo a tiempo para evitarlo. Evitar el dolor es una estrategia de supervivencia mucho mejor que intentar escapar cuando ya estamos inmersos en la situación. Por ejemplo:

- Una gacela no sobreviviría si tuviera que sentir el dolor provocado por las mandíbulas de un león antes de sentirse amenazada.
- Un león no sobreviviría si tuviera que sentir el dolor del hambre antes de empezar a cazar.
- Nuestros antepasados no habrían sobrevivido si hubiesen esperado a sentir el dolor de los dedos de los pies congelados antes de empezar a recoger leña.

Nosotros, los mamíferos, sobrevivimos anticipándonos al dolor y actuando para evitarlo. La alarma del cortisol nos ayuda a hacer eso.

La nueva tarea del cortisol

Los mamíferos desarrollamos una nueva tarea para el cortisol: el dolor social. El vínculo entre el dolor físico y el social es evidente en el mundo de los mamíferos. El aislamiento puede provocar el dolor de las mandíbulas de un depredador. Pero estar cerca de otros puede también ocasionar mordeduras y arañazos dolorosos de los compañeros de tribu, si nos acercamos a su comida.

Cada experiencia dolorosa de aislamiento o conflicto programa a un mamífero para liberar más cortisol en situaciones similares. Por eso los sentimientos dolorosos desencadenan las mismas sustancias químicas que el daño físico. En un animal social, las amenazas sociales se sienten tan urgentes como las físicas.

30

El cerebro de un mamífero dice:
Los sentimientos dolorosos desencadenan la misma sustancia química que el dolor físico. En un animal social, ambos son relevantes para la supervivencia.

Cuanto mayor es el cerebro de un mamífero, más amenazas sociales puede anticipar. Cualquier cosa similar a situaciones dolorosas pasadas puede hacer que funcione tu cortisol. Puedes sentirte en peligro en muchas ocasiones, aunque sepas conscientemente la diferencia entre el dolor físico y el social. El cortisol genera una sensación de urgencia que es difícil de ignorar. Los humanos vinculan palabras a la sensación del cortisol. Lo llamamos miedo, ansiedad, estrés, pánico, vergüenza, temor, sufrimiento, desdicha, infelicidad o dolor, dependiendo de la cantidad y del contexto. En cada caso, el mensaje subyacente es: «¡Haz que se detenga!».

ESCAPANDO DEL DOLOR

Los animales responden al cortisol con acciones y no con palabras. Luchan, huyen, se quedan paralizados o son aduladores porque estas conductas pueden detener las amenazas. Entender estas respuestas animales arroja luz sobre nuestras propias respuestas al cortisol. Veremos inquietantes paralelismos entre la negatividad y el impulso animal a luchar, huir, quedarse paralizado o ser aduladores. En el momento en que nos sentimos amenazados, los pensamientos negativos pueden hacer que nos sintamos bien.

Para el cerebro de un mamífero, cualquier cosa que mitigue el cortisol promueve la supervivencia. Por tanto, si un cigarrillo alivió tu ansiedad un día, tu cerebro de mamífero «aprendió» que los cigarrillos promovieron la supervivencia. Si una pizza alivió una sensación de amenaza en tu juventud, tu cerebro de mamífero aprendió que la pizza promueve la supervivencia. Si el cinismo te ayuda a atenuar el cortisol, tu cerebro aprende a considerarlo un salvavidas. Nadie piensa en esto con palabras, por supuesto. Pero en el momento en que tu cortisol se dispara y buscas una forma de detenerlo, tu cerebro utiliza los circuitos neuronales que tiene. Estos circuitos pueden asociar el cinismo con el alivio tan automáticamente como asocian el agua con el alivio de la sed o un cálido fuego con el alivio del frío.

31

Cuando ves una lagartija disfrutando del sol, tal vez pienses que se siente bien, pero está viviendo una crisis. Se arriesga a ser comida viva en cada momento en que se encuentra en espacios abiertos. Pero si corre a refugiarse debajo de una roca, se arriesga a morir de hipotermia. Por tanto, la lagartija sólo disfruta del sol cuando se siente morir de frío, y permanece alerta todo el tiempo. En cuanto su temperatura corporal alcanza un rango seguro, corre rápidamente a esconderse y permanece allí hasta que se siente morir de frío de nuevo. La lagartija está siempre escapando del dolor. Sobrevive decidiendo hábilmente qué amenaza es más urgente en cada momento.

Todo mamífero tiene un cerebro de reptil en su núcleo porque la evolución se desarrolló sobre lo que ya existía. Los humanos hemos heredado las mismas estructuras cerebrales que permiten a una lagartija elegir entre un riesgo para su vida y otro distinto. En la parte posterior de nuestro cuello, donde la espina dorsal se encuentra con el cerebro (el cerebelo, la médula oblongada y el puente de Varolio), tenemos estructuras que nos alertan de las amenazas y nos permiten emprender acciones que nos mantienen vivos. Este «cerebro reptiliano» dirige funciones metabólicas como la respiración y la digestión, así como la respuesta al peligro. El reptil también tiene un hipocampo y un hipotálamo diminutos para procesar los nuevos estímulos y tomar decisiones. El hipocampo y el hipotálamo humano son más sofisticados y pueden procesar más estímulos, pero están conectados con el bulbo raquídeo para interpretar amenazas, igual que hace una lagartija. Los humanos también poseemos una enorme reserva de neuronas extra, pero éstas transmiten la información a nuestro cerebro reptiliano para conectarse con el resto de nuestro cuerpo y emprender acciones. Por tanto, todo el complejo análisis que realizamos lleva a la conclusión de actuar o no actuar. Quizá tracemos estrategias y optimicemos mucho, pero reducimos todo al acto de aproximarnos a lo que esperamos que nos ayudará y a evitar lo que creemos que nos dañará.

El cerebro reptiliano dice:

Vigilo las amenazas. Siempre estoy en crisis. Escapo y después encuentro la siguiente amenaza más próxima.

32

El cerebro reptiliano se ha ganado una mala reputación. Es posible que te hayan dicho que hay que evitar el «pensamiento reptiliano», pero en realidad no podemos interrumpir los procesos de nuestro cerebro reptiliano. Es la base de nuestro sistema operativo. Es más beneficioso entenderlo. Siempre intenta protegernos de los daños detectando amenazas a tiempo de evitarlas. Dicho esto, debemos saber que el cerebro reptiliano puede tener ideas poco convencionales sobre las amenazas. Puede generar la sensación de que moriremos si no conseguimos un cigarrillo o una pizza, o de que el cinismo nos protege de los peligros. La respuesta reptiliana al cinismo no se basa en un erudito análisis socioeconómico, sino en las rutas que hemos desarrollado en el pasado.

Por supuesto, no actuamos siguiendo todos los extravagantes impulsos reptilianos. Pero no podemos ignorar estos impulsos porque el cerebro reptiliano cree que la supervivencia está en juego. Y lo hace más cuando lo ignoramos. «¡Haz algo! ¡Haz algo!», te sigue diciendo. Para conseguir que el cortisol deje de fluir debemos satisfacer a nuestro reptil interior.

HAZ QUE SE DETENGA

El primer paso para detener el cortisol es identificar la amenaza. El cortisol puede advertir de amenazas internas, como el hambre, o externas, como los depredadores. Tu cerebro tiene que averiguar qué lo ha desencadenado para poder desactivarlo. Por ejemplo, cuando el azúcar bajo en sangre activa el cortisol de una lagartija, comer permite detenerlo. Por ello, la lagartija busca comida cuando tiene la dolorosa sensación que denominamos «hambre». Pero cuando tu mano se encuentra sobre un fogón caliente, la comida no alivia el dolor. Y evitar los fogones calientes no mitiga el dolor del hambre. Tienes que saber interpretar tu cortisol para sobrevivir. Un cerebro pequeño consigue eso con un número pequeño de circuitos. Un cerebro grande tiene tantos circuitos que a la sensación de hacer algo puede ser difícil darle sentido. Afortunadamente, tenemos la acetilcolina para decir «¡recuerda!» y la adrenalina para decir «¡ahora!».

Las lagartijas logran aliviar el cortisol, pero las malas sensaciones se desencadenan pronto. El hambre vuelve cuando la comida se ha digerido. Los depredadores regresan después de haber escapado de ellos. El cerebro está siempre ocupado para detectar la siguiente fuente potencial de daño. Un cerebro pequeño se concentra en las amenazas inmediatas en lugar de preocuparse por el hambre de mañana o la paz duradera con los depredadores. Tiene sólo suficiente potencia para buscar alivio inmediato a las amenazas inmediatas.

Los reptiles también poseen un poco de corteza cerebral, por lo que disponen de una capacidad limitada de aprendizaje. Aprenden del dolor. Cuando una lagartija siente el dolor de una garra de águila en sus costados, una oleada de cortisol conecta todas las neuronas activas en ese momento. Si sobrevive al funesto encuentro, se hallará programada para detectar un águila más rápidamente la próxima vez porque la vista y el olor de un águila construyen puentes entre las neuronas activadas. La experiencia incrementa los circuitos de evitación de depredadores con los que nace una lagartija.

Una lagartija no «sabe» qué es un águila. Simplemente evita los estímulos sensoriales que disparan el cortisol. Una lagartija corre para cubrirse cuando ve la repentina sombra causada por un águila que hay arriba. Los reptiles evolucionaron para dar lugar a un estilo de vida que requiere muy pocas neuronas. Esto promueve la supervivencia porque las neuronas consumen mucho combustible. El eficiente sistema operativo de los reptiles funciona evitando las cosas que hacen sentir mal, sin preguntar por qué.

DOLOR SOCIAL

Los reptiles no tienen vida social. Abandonan la casa en el instante en que nacen, y sus padres se los comen si no lo hacen con suficiente rapidez. Sin la oportunidad de aprender de sus mayores, nacen programados con suficientes habilidades para sobrevivir. Un alto porcentaje de jóvenes reptiles es devorado por los depredadores antes de alcanzar la pubertad, pero su especie sobrevive porque tienen miles de crías.

Los mamíferos no pueden hacer eso porque una cría de sangre caliente es mucho más difícil de mantener que otra de sangre fría. Los mamíferos ponen todos sus huevos en muy pocas cestas, por lo que sus genes pueden ser liquidados fácilmente. Para sobrevivir, protegen a sus crías de los depredadores con fuertes vínculos sociales.

34

Los reptiles no experimentan dolor social porque no necesitan a otros reptiles para sobrevivir. De hecho, no pueden soportar estar cerca de otros, y evitan a sus colegas excepto cuando se aparean. Pero los mamíferos han conseguido por evolución un cerebro que disfruta de la compañía, e incluso se siente amenazado sin ella. El cortisol se dispara cuando un mamífero se aparta de su grupo, lo que hace que la separación se perciba como una emergencia para la supervivencia.

Pero vivir en grupo no es fácil. Cuando un mamífero ve comida, otros compañeros del grupo también la ven. Cuando un mamífero se lanza hacia la comida, puede recibir una dolorosa patada o un arañazo por parte de un compañero de manada. El cerebro de un mamífero se esfuerza por evitar el dolor del conflicto mientras también evita el dolor del hambre y el dolor del aislamiento social. Realiza este acto de equilibrio con circuitos diseñados a partir de la experiencia.

Los reptiles nacen ya programados con la experiencia de sus antepasados, pero los mamíferos se programan a sí mismos a partir de la experiencia de su propia vida. Los mamíferos conectamos las neuronas interactuando con el mundo que nos rodea. Tenemos tiempo para hacer eso porque nos protegen del daño durante el primer período de dependencia. Por supuesto, todo mamífero joven debe aprender a evitar el daño cuando su madre se ha marchado, para que la especie sobreviva. Todo mamífero aprende de sus propias experiencias buenas y malas.

Aprender de la experiencia tiene sus desventajas. Si tuviéramos que aprender sobre los leones al ser mordidos, pocos mamíferos sobrevivirían a su primera lección. En lugar de eso, los mamíferos han desarrollado la capacidad de aprendizaje social. Si una cebra joven se aleja demasiado de la manada, su madre la muerde y el dolor rápidamente enseña a la pequeña a asociar el alejamiento con el dolor. El dolor del hambre también aumenta durante la separación de la madre. Un cerebro joven puede aprender a vincular la superación y el dolor antes de que llegue a sufrir algún daño.

Los mamíferos asimismo tienen neuronas espejo que perciben el placer y el dolor de otros. Una cría perdida siente el pánico de su madre cuando vuelven a estar juntas. Un mamífero joven percibe el pánico de sus compañeros de manada cuando se aproxima un depredador. El acto de imitación desarrolla las conexiones de un cerebro joven entre la sepa-

35

ración y el cortisol, y entre la compañía y el alivio. La imitación ayuda a un mamífero joven a aprender las conductas que otros emplean para escapar de las amenazas. De este modo, el aprendizaje social ayuda al cerebro humano a aprender la negatividad de quienes le rodean.

El cerebro de un reptil dice:
Los reptiles evitan a sus colegas excepto cuando se aparean.

NEGATIVIDAD EN ACCIÓN

Un mamífero amenazado está diseñado para actuar rápidamente. La lucha y la huida son respuestas bien conocidas, pero quedarse paralizado y adular son igualmente importantes. Una atenta mirada a estas estrategias resulta útil porque forman el conjunto de herramientas para aliviar las amenazas de un mamífero. Veremos cómo el cerebro humano puede lograr todas ellas con la negatividad y el cinismo.

Lucha

La respuesta natural a las amenazas consiste en retirarse, pero la lucha es lo opuesto. En este caso nos aproximamos a lo que nos amenaza. Los humanos, con grandes cerebros, podemos luchar con palabras, además de mediante el contacto físico. Incluso podemos luchar con palabras que son muy abstractas. Por ejemplo, cuando nos sentimos amenazados, podemos culpar a «los idiotas del poder» en lugar de pelear directamente con un individuo. Aprendemos a reducir nuestra agresividad y encontramos otras formas para disfrutar de la potente sensación de aproximarnos a una amenaza percibida.

Luchar puede parecer una causa de angustia, pero, cuando un mamífero es atacado, responder a la agresión puede aliviar la angustia. Por supuesto, una pelea física conlleva el riesgo de sufrir lesiones y dolor, razón por la que los animales sólo luchan como último recurso, o cuando están seguros de que pueden ganar. En el mundo humano, una lucha verbal también puede generar lesiones y dolor, la razón por la que resulta tan tentador luchar con el cinismo generalizado, como «son todos idiotas».

36

Cuando nos sentimos atacados, podemos vernos desahogándonos con este tipo de abstracciones, y en realidad esto puede producirnos alivio en ese mismo momento. Sin embargo, si actuamos así de forma repetida, es probable que aumenten las rutas neuronales que hacen que nos sintamos atacados.

A veces tenemos que luchar. Imaginemos a una leona madre que no ha comido durante días. Cuando por fin captura una gacela, las hienas se abalanzan para robársela. ¿Debe luchar contra ellas? Si pierde la pelea, es probable que sus crías perezcan. Pero, si no lucha, su leche se secará y sus crías pasarán hambre. Ella no piensa esto con palabras. Su electricidad simplemente fluye por los circuitos que tiene. El cortisol aumenta a medida que anticipa el dolor de la lucha, pero también lo hace cuando anticipa el dolor de no luchar. Uno de los circuitos desencadena menos cortisol, por lo que se siente bien en términos relativos. Cuando luchando se siente mejor que huyendo, la adrenalina y la testosterona se elevan y se dirige hacia la amenaza, en lugar de escapar de ella.

Los mamíferos luchan cuando esperan ganar más que lo que pierden. Se espera una gran recompensa siempre que está implicada la reproducción, si consiste en proteger a una cría de algún daño o vencer a los rivales a la hora de aparearse. Las luchas normalmente comienzan con lo que los biólogos llaman «alarde», desencadenado por la intención de luchar. El mamífero muestras sus armas y se hincha para aumentar de tamaño e incitar al adversario a retirarse. Esto suele funcionar, razón por la que la gente dice «es sólo apariencia». Pero siempre existe la posibilidad de que el adversario ataque en lugar de retroceder, por lo que el mamífero que realiza la demostración debe estar preparado para luchar.

Los mamíferos escogen sus batallas con cuidado. Las investigaciones muestran que los animales sólo pelean cuando esperan ganar. Son hábiles en el acto de valorar su propia fuerza en comparación con otros. Desarrollan esta habilidad durante la juventud, mediante el juego y observando a sus padres decidir cuándo luchar y cuándo retirarse para estar seguros. Un mamífero joven, cuando juega, está probando su fuerza contra otros. Los cerebros que eligieron mal fueron eliminados por la selección natural, por lo que un cerebro que sabe hacer comparaciones sociales sobrevive en la evolución. La comparación social es una habilidad de supervivencia muy importante.

En el mundo actual, aprendemos que pelear está mal, ganemos o no. Si tu hijo se pelea por una galleta, es probable que le castigues y se la quites. Tal vez pienses que tus bonitas palabras son instructivas, pero el cerebro del niño aprende del caso de la galleta. Si llega a conservar la galleta conseguida por medios no apropiados, su cerebro aprende que pelear conlleva conseguir recompensas, aunque tus palabras sugieran lo contrario.

Los humanos aprenden a pelear sin agresión física. Las humillaciones, los litigios y la competición (amistosa y no amistosa) son formas no violentas de aproximarse a una amenaza percibida en lugar de evitarla. El cerebro sigue calculando el riesgo de pelear contra el riesgo de no hacerlo. El cinismo es una forma de pelear de bajo riesgo. Podemos decir «son todos imbéciles» sin arriesgar demasiado. Mentalmente podemos estar en contra de todos los hombres, todas las mujeres, todos los jefes, todos los ricos o todos los consumidores de gluten. Podemos enfurecernos con personajes públicos cuando los vemos en las pantallas. Podemos enfadarnos con nuestro ayuntamiento. Cuando esto atenúa la sensación de amenaza, aunque sólo sea por un momento, la buena sensación diseña una ruta neuronal. La próxima vez que nos sintamos mal, esa ruta nos ofrecerá un camino para hacer algo. Por supuesto, no pensamos en ello conscientemente, pero, cuando nos sentimos atacados, decimos «todos son imbéciles» y disfrutamos del alivio.

El conflicto forma parte de la vida de un mamífero. Los animales resuelven sus conflictos sin violencia en la mayoría de las ocasiones porque un individuo se retira para evitar sufrir daños. Pero se hallan constantemente al borde del conflicto. Nos distrae de este hecho las historias reconfortantes de cooperación animal, pero los animales no esperan que la vida esté libre de conflictos. Cuando una amenaza dispara su cortisol, buscan una forma de promover la supervivencia.

Por ejemplo, los monos más fuertes suelen quitar comida a los compañeros más débiles de su grupo. No asistimos a ninguna pelea porque los más débiles se retiran para evitar ser mordidos o arañados. Retirarse conlleva hambre, debilidad y no poder reproducirse, por lo que un mono siempre compara un dolor potencial con otro. El dolor de la pelea es significativo porque las heridas suelen ser fatales en plena naturaleza. Nos convierten en más lentos, de forma que un depredador puede cazarnos.

38

Un mono puede preferir pasar hambre hoy y vivir para comer mañana, pero también puede ser que el plátano de mañana se lo roben. Por ello, no tiene más alternativa que buscar constantemente oportunidades de imponerse, tanto como evitar el conflicto. Si consigue el plátano, se siente bien.

. . . .

El cerebro de un mamífero dice:
Un mono prefiere pasar hambre hoy y vivir para comer mañana. Pero también puede ser que el plátano de mañana se lo roben. Por ello, no tiene más alternativa que buscar constantemente oportunidades de imponerse, tanto como evitar el conflicto.

. . . .

Puede que retrocedamos ante la idea de pelear con individuos más débiles. Sin embargo, si nuestro jefe aumenta nuestra carga de trabajo, es posible que busquemos una persona más débil a la que encargar la tarea. Y puede que nos sorprendamos de desahogarnos con un extraño que no puede contestarnos cuando tememos enfrentarnos a un abuso en nuestra propia casa. Se necesitan lóbulos frontales para anticipar las consecuencias. Los monos tienen lóbulos frontales pequeños, pero los humanos los tenemos grandes. Por eso pasamos tanto tiempo analizando situaciones alternativas en lugar de pelear. Pero, en cuanto decidimos no pelear, puede parecer como si otro mono estuviera de nuevo vigilando nuestro plátano. El cinismo es un alivio bien recibido.

Huida
Huir suele ser la mejor estrategia de supervivencia. Los animales son tan conscientes de ello que buscan siempre rutas de escape y se niegan a entrar en un espacio cerrado. La huida no es sólo para el débil, puesto que los animales más fuertes pueden retirarse más rápidamente que los más débiles.

Escapar de una amenaza hace que nos sintamos bien. Cuando a un babuino le amenaza un león, subirse a un árbol le permite sentirse bien. El babuino no piensa: «¿Qué va mal en este mundo?», o «Puede que el león vuelva mañana». Tan sólo está contento de haber escapado de la amenaza en ese momento. Se siente incluso más feliz cuando el león se retira y él puede escalar el árbol para cubrir sus necesidades. El sentimiento positivo programa al babuino a buscar árboles ante una amenaza.

Los humanos podemos generar imágenes abstractas de amenazas futuras en lugar de preocuparnos sólo por las inmediatas. Tenemos la sorprendente capacidad de activar las neuronas internamente en lugar de limitarnos a esperar que el mundo externo active nuestros sentidos. Esto nos permite actuar a tiempo de prevenir el daño, pero también nos deja con un interminable sentimiento de amenaza. Por eso deseamos tanto tener formas de escapar.

La distracción funciona. La distracción no nos protege de un depredador real, pero, cuando una imagen interna ha disparado el cortisol, cambiar a una imagen distinta interrumpe el proceso. Por eso las distracciones de cualquier tipo son tan populares, aunque tengan consecuencias negativas.

Para complicar aún más las cosas, el cortisol permanece en nuestro cuerpo durante un par de horas después de dejar de segregarlo. Por ello, la sensación de alarma continúa y nos mantiene en alerta ante las amenazas, hasta que nuestro cuerpo termina de metabolizarlo. Un cerebro grande puede seguir encontrando evidencias de amenazas cuando observa. Podemos entrar en un perjudicial círculo vicioso a menos que «hagamos algo» para detenerlo. En esas ocasiones, pensamos en anteriores formas de escapar, del mismo modo que un babuino busca un árbol. La negatividad se activa si nos ha funcionado antes. Preocuparse por el mundo «que se va al garete» puede distraernos de una situación molesta próxima a nuestra casa. Rumiar sobre el estado del mundo tal vez no parezca una salida, pero puede distraer nuestra atención de amenazas que son íntimas y personales.

Todo pensamiento de «desorden global» interrumpe las ideas más dolorosas acerca de un desorden personal. Desde la perspectiva de nuestro cerebro de mamífero, los pensamientos de crisis global en realidad nos salvan del daño. Igual que subirse a un árbol, hacen que nos sintamos bien.

Señales insignificantes pueden desencadenar la alarma ante una amenaza en un cerebro muy grande. Las cejas levantadas de tu jefe pueden disparar tu cortisol. Luchar es una mala opción. Huir es una mala opción. Retirarte mentalmente puede parecer la mejor opción. La gente puede escapar excediéndose con la comida, el alcohol, las drogas, el sexo, las compras, la televisión y muchos otros hábitos. La negatividad te permite escapar mentalmente sin los efectos secundarios perjudiciales de la comida, el alcohol, las drogas, el sexo, las compras y los juegos de azar. Sin embargo, la gente suele combinar la negatividad con otras conductas de escape. «El mundo se va al garete, así que, ¿por qué no conseguir otra galleta/bebida/pastilla/relación/capricho?».

Quedarse paralizado

La gacela tiene la capacidad de quedarse paralizada en presencia de un león. Se queda tan quieta que puede que éste la dé por muerta. Esto puede promover la supervivencia porque el león se siente inclinado a regresar junto a su manada para informarles sobre la comida, momento en el que la gacela, que está viva, salta y escapa. Se trata de una estrategia muy peligrosa, pero en circunstancias desesperadas puede funcionar. Quedarse paralizado es una respuesta fisiológica real a una gran oleada de cortisol. Ralentiza el metabolismo del mamífero de tal forma que no se escucha su respiración. Si el animal sobrevive, está preparado para volver a moverse agitándose hasta que libera la tensión.

La expresión «un ciervo paralizado por los faros de un coche» significa que quedarse quieto es poco recomendable. Pero el reflejo no se añadió al proceso evolutivo en un mundo de coches. Lo hizo en un mundo de depredadores, donde evitar llamar la atención puede salvar tu vida. Quedarse paralizado es peligroso, pero es una forma de hacer algo cuando las demás opciones están descartadas.

El cinismo puede ser una forma de quedarse paralizado. El equivalente mental a una respuesta de ese tipo consiste en decirte a ti mismo: «Tal y como están las cosas en estos días, no hay nada que yo pueda hacer». Si todas las opciones que tienes delante parecen malas, la paralización cínica puede aportarte la buena sensación de hacer algo. Cuando te dices a ti mismo: «¿Qué se puede hacer en un mundo así?», tal vez sientas un momento de alivio. La buena sensación le dice a tu cerebro que esta forma de evitar el daño funciona, lo cual te programa para repetir el pensamiento negativo en otro momento en que tengas el cortisol elevado. La ruta neuronal crece, y pronto adoptas fácilmente la idea de que te quedas paralizado debido a «la forma en que las cosas están actualmente».

Adulación

La adulación es otra forma que tienen los mamíferos de luchar contra las amenazas. Los animales se someten a los compañeros de grupo más dominantes para protegerse de ellas. Entre los humanos, a esto se le llama la «respuesta de adulación».

Por ejemplo, los monos más débiles se aproximan a los más fuertes con la cabeza y los ojos inclinados hacia abajo. Esto indica la intención de someterse y protege al mono más débil de la agresión. Los monos subordinados también suelen acariciar el pelo de los dominantes. Cuando la adulación atenúa una amenaza percibida, te sientes bien. Tal vez pienses que esa conducta jerárquica es un mal de la civilización, pero los mamíferos han dominado y se han sometido durante millones de años. Un animal que domina a sus compañeros de grupo consigue más de lo que se necesita para difundir sus genes, como por ejemplo comida, oportunidades de aparearse y protección de los depredadores. La selección natural ha generado un cerebro que promueve la supervivencia buscando la dominación social…, pero también sabe cuándo promover la supervivencia adulando a quienes quieren dominar.

El cerebro de un mamífero dice:
La selección natural ha generado un cerebro que promueve la supervivencia buscando la dominación social…, pero también sabe cómo promover la supervivencia adulando a quienes quieren dominar.

Los rituales de dominación/sumisión de los animales son bien conocidos por los granjeros, guardas de zoológico y biólogos experimentales. Cuando un animal piensa que es más fuerte que el compañero de grupo que tiene delante, hace un gesto de dominación, como por ejemplo una mirada directa y el acto de hinchar el pecho. Espera a cambio un gesto de sumisión, como los hombros caídos y la mirada hacia abajo. Todo animal de un grupo o manada conoce su propia fuerza relativa respecto a todos los demás compañeros de grupo, y evita el dolor sometiéndose a los individuos más fuertes. Cuando alcanza la edad adulta, todo mamífero ha aprendido los gestos necesarios para protegerse de una agresión dentro del grupo. La adulación no permite conseguir el plátano o la pareja, pero sí lograr la paz necesaria para cubrir las necesidades durante otro día.

Esta faceta de la naturaleza hace que la gente se sienta incómoda. De hecho, muchos expertos intentan disfrazarla como «cooperación». Es cierto que los mamíferos dominantes a veces cooperan protegiendo a sus compañeros de agresiones de terceros. Pero, la mayor parte del tiempo, se colocan los primeros y los individuos más débiles deben «cooperar» con ellos, o alguna otra cosa.

La adulación es fácil de detectar entre los primates humanos. Digamos que te sientes amenazado por una situación de abuso en tu vecindario y te vuelves más agradable con el causante. Recompensas a quien amenaza mediante procedimientos que no utilizas con las personas que se muestran agradables contigo. Esto funciona desde la perspectiva de tu cerebro de mamífero. Atenúa la amenaza. Puedes culpar al sistema de tu adulación diciéndote que el abuso es sólo un producto del sistema. Pero tu adulación forma parte del sistema que genera el abuso.

Adulas cínicamente si das dinero a alguien, sabiendo que se lo gastará en drogas. Adulas cínicamente si alguien te roba la cartera y dices: «Probablemente la necesite más que yo». Si sobornas a un funcionario corrupto o pagas dinero a un delincuente a cambio de protección, estarás adulando cínicamente. En todos los casos, te sometes por el placer de aliviar tu propia sensación de amenaza. Tu corteza verbal busca una razón para actuar de forma que tu cerebro de mamífero se sienta bien. No tienes la intención de adular. Pero, en el momento en que te sientes amenazado, hacer algo que mitigue la amenaza hace que te sientas bien. Esa buena sensación de alivio conecta neuronas y te programa para que adules la próxima vez que te sientas amenazado.

Tú no «crees» en la adulación. Tampoco «crees» en los actos de luchar, huir o quedarte paralizado. Pero, cuando la secreción de cortisol te dice que «algo va mal», quieres lograr que se detenga.

NACIDO FRÁGIL

«No soy yo –puede que digas–. Yo no adulo, me quedo paralizado ni huyo para sentirme bien». «Yo no soy un mono, un león ni una gacela».

43

Resulta fácil pensar que nuestras respuestas ante las amenazas están motivadas por los argumentos intelectuales en los que somos tan buenos. Para dar sentido a nuestros circuitos relacionados con la amenaza, tenemos que seguir su desarrollo hasta el comienzo.

Los humanos somos más indefensos y vulnerables cuando nacemos que nuestros antepasados, los animales. Entramos en el mundo con un cerebro menos acabado, por lo que somos dependientes y necesitamos de los otros durante mucho más tiempo que otros animales. La primera experiencia en toda vida humana es el cortisol, desencadenada por las urgentes necesidades de supervivencia antes las cuales no se puede hacer nada. Esta sensación de amenaza se encuentra en el centro de nuestro navegador neuroquímico.

Un recién nacido responde al cortisol llorando. Es una de nuestras pocas conductas ya programadas. Con el paso del tiempo aprendemos formas alternativas de responder al cortisol. Cada vez que logramos mitigar un sentimiento de amenaza aprendemos de la experiencia. No recordamos conscientemente este aprendizaje, pero acabamos con muchos circuitos para aliviar nuestro cortisol.

Solemos pensar que nuestros primeros circuitos no son importantes porque no nos provocan nada que nos haga sentir orgullosos. No obstante, estos primeros circuitos son el núcleo de nuestro sistema de autogestión. Cuanto mayor es el cerebro de un animal, más se basa en los circuitos aprendidos, en lugar de en los que tiene cuando nace. Cuanto más grande es el cerebro de un animal, más larga es su niñez, porque tarda en desarrollar estos circuitos. Los humanos nos programamos a nosotros mismos interactuando con el mundo, en lugar de nacer ya programados con la experiencia de nuestros antepasados. Esto permite que cada nuevo bebé se programe para la realidad actual en lugar de basarse en lo que funcionó en el pasado. Esta oportunidad tardó cientos de millones de años en evolucionar, por lo que resulta ingenuo pensar que simplemente dejamos de lado a nuestro aprendizaje anterior.

En realidad, un cerebro grande conlleva que es más difícil sobrevivir porque las neuronas necesitan mucha glucosa, oxígeno y calor. Un cerebro grande sólo promueve la supervivencia si se programa de forma que dé a un bicho el valor de su dinero por todas esas neuronas adicionales. El modo en que lo hacemos es conectar las neuronas de las experiencias pasadas en lugar de confiar en lo que ya tenemos mientras estamos en el útero. Reconocer el poder de estos primeros circuitos nos ayuda a manejarlo todo.

Mielina y cambio

La idea actual de que siempre podemos modificar nuestro cerebro es una simplificación excesiva. Es más realista decir que podemos adaptar nuestros primeros circuitos que creer que podemos eliminarlos y sustituirlos. Desde la perspectiva de la mielina llegamos a nuestro punto cumbre a la edad de dos años. El cerebro de un niño se desarrolla tan fácilmente respondiendo a la estimulación que absorbe todo acríticamente. Después de esa edad, el cerebro comienza a basarse en los circuitos que tiene, en lugar de modificarse a sí mismo en respuesta a cada nuevo estímulo. Seguimos aprendiendo y buscando novedades, por supuesto. Pero, en lugar de dar la misma importancia a todos los detalles que llegan a nuestros sentidos, empezamos a prestar atención a los aspectos de las cosas que hemos visto y oído antes. Así es como llegamos a dar sentido a las palabras y las caras.

La mielina se encuentra en su punto cumbre hasta la edad de siete años, por lo que los nuevos estímulos hacen que se desarrollen fácilmente nuevas rutas hasta ese momento. Una buena forma de comprobar esto consiste en mentir a un niño de seis años y a otro de ocho. El niño de seis acogerá como verdad lo que le decimos. El de ocho lo comprobará con su cúmulo de conocimientos. Un niño de ocho años no modifica su visión del mundo con cada nuevo estímulo. La disminución de la mielina induce al niño a utilizar los circuitos que tiene en lugar de desarrollar otros nuevos. Añade nuevas hojas a su árbol neuronal, e incluso nuevas ramas con un esfuerzo sostenido, pero se basa en los troncos que ya ha construido. Esto le permite cubrir sus necesidades de modos que funcionaron anteriormente, en lugar de cambiar con cada nueva ráfaga de viento.

¿Qué aprendimos cuando teníamos siete años que es tan relevante para la supervivencia? No aprendimos a cualificarnos para un trabajo que nos aporte beneficios. No aprendimos a crear un perfil, en una página de citas, que atrajera a la pareja perfecta para reproducir nuestros genes. Aprendimos a manejar la sensación de amenaza. Sin una intención consciente, conectamos neuronas cada vez que nos veíamos amenazados y cada vez que sentíamos mitigar la amenaza. Aprendimos que hacer ruido

45

conlleva alivio, por lo que también aprendimos nuevas formas de hacer ruido. Aprendimos los sonidos que predicen el alivio, por lo que aprendimos a escuchar esos sonidos. Las sustancias químicas de la felicidad y la infelicidad construyen puentes entre todas las neuronas activas en el momento en que se liberan. Estos puentes ayudan a las sustancias químicas de nuevo en circunstancias similares.

Cualquier ruta que se desencadena repetidamente queda mielinizada. Tal vez escuchemos a un niño dominar sin esfuerzo un idioma o un deporte con los que tenemos que esforzarnos. No obstante, podemos dominar sin esfuerzo el idioma y las habilidades físicas que aprendimos en nuestra niñez. Del mismo modo, algunas respuestas neuroquímicas nos llegan sin esfuerzo porque quedaron mielinizadas en nuestra juventud. Otras respuestas neuroquímicas pueden conllevar un gran esfuerzo para nosotros, pero podemos programarnos para ellas si realizamos el esfuerzo que se necesita para dominar un deporte o un idioma extranjero.

Todo cuanto activó nuestra alarma interna en nuestra juventud se activarán fácilmente más adelante. Las cosas que aliviaron nuestra alarma interna durante la juventud es probable que vuelvan a hacerlo posteriormente.

En el momento en que teníamos ocho años, disponíamos de un modelo mental de cómo funciona el mundo. No era completo ni perfecto, pero nos guiaba hacia las recompensas y nos alejaba del dolor. Para un niño, algo es bueno si le sienta bien y algo es malo si le sienta mal. Ésta no es la mejor estrategia de supervivencia en el mundo actual, por lo que es recomendable seguir construyendo nuestro modelo mental. Eventualmente aprendemos que las buenas sensaciones pueden conducir a malas consecuencias y que las malas sensaciones pueden conducir a buenas consecuencias. No obstante, nuestros circuitos fundacionales se basan en sencillas respuestas propias de mamíferos.

Por supuesto, no podemos aprender todo de la experiencia. Nos atropellarían coches y nos expulsarían de grupos de juego si tuviéramos que aprender todo de la forma más difícil. Para evitar esto, los adultos estructuran las recompensas y el dolor en el entorno de un niño. Los abrazos, los elogios y los regalos generan buenas sensaciones a corto plazo para cosas que son buenas para el niño a largo plazo. Las malas sensaciones se generan a corto plazo para ayudarle a aprender lo que es malo para su

46

bienestar a largo plazo. Una de las primeras cosas que aprende un niño es que una mala sensación empeorará si no la mitiga. Los niños construyen su sistema operativo a partir del placer y el dolor, no de intenciones conscientes, por lo que los adultos organizan el placer y el dolor de forma que construyan circuitos útiles. Con el paso del tiempo aprendemos a interpretar nuestra alarma interna y a actuar para detenerla.

El cerebro humano dice:
Los niños construyen su sistema operativo a partir del placer y el dolor, no de intenciones conscientes, por lo que los adultos organizan el placer y el dolor de forma que construyan circuitos útiles.

La importancia de nuestros siete primeros años de aprendizaje es evidente cuando los comparamos con la niñez de un animal. Un ratón alcanza la pubertad en cuatro meses, por lo que puede ser bisabuelo a la edad de un año. Una gacela corre con la manada un día después de nacer. Un elefante aprende a caminar antes de su primera comida porque así es como consigue la leche de la madre. Los animales aprenden a cubrir sus necesidades rápidamente porque las amenazas son urgentes en el estado de naturaleza. La larga dependencia de los humanos es única en la naturaleza. El aprendizaje temprano es la base para nuestras respuestas adultas, nos guste o no.

EL REAJUSTE DE LA PUBERTAD

La mielina vuelve a tener otro pico en la pubertad, por lo que construimos nuevos circuitos en esa época. La capacidad de mielinizar el nuevo aprendizaje durante la pubertad tiene un gran valor para la supervivencia.

Los animales tienden a abandonar el hogar antes de aparearse, y la mielina ayuda al cerebro a adaptarse a su nuevo entorno. Marcharse del hogar evita la endogamia y por tanto fomenta la supervivencia, por lo que la selección natural permite desarrollar un cerebro que apoya esto. No se necesita ninguna intención consciente para evitar la endogamia.

Los seres humanos han buscado pareja en otros grupos a lo largo de la historia. Cuando se dirigían a nuevas tribus, aprendían nuevas caras, nuevos lugares, nuevas habilidades de supervivencia e incluso nuevos idiomas. La neuroplasticidad de la adolescencia lo hacía posible. La mielina disminuye tras la pubertad, y después se necesitan muchas repeticiones o un enorme aumento de sustancias neuroquímicas para desarrollar nuevos circuitos. Por eso nos sentimos tan afectados por nuestras experiencias como adolescentes. El aprendizaje de adolescente tiene lugar de la forma habitual en los mamíferos: en respuesta al placer y el dolor. Las recompensas sociales y el dolor social desencadenan muchas sustancias neuroquímicas, por lo que contribuyen en gran medida a la red neuronal que guía nuestras expectativas y decisiones futuras.

Cualquier cosa relevante para la reproducción obtiene una respuesta extremadamente grande del cerebro del mamífero. Se desencadenan secreciones abundantes de sustancias químicas en la búsqueda de oportunidades para aparearse porque es muy relevante para la supervivencia.

Desde el dolor del rechazo romántico hasta el placer de las camarillas sociales, las cosas se perciben como urgentes en la adolescencia porque son importantes para el mamífero. Un cabello en mal estado o una mirada no correspondida pueden sentirse como una amenaza para la supervivencia, y se desarrollan grandes circuitos. No nos preocupamos conscientemente de nuestros genes, y tampoco los monos, pero «el éxito reproductor» desencadena grandes cantidades de sustancias neuroquímicas por cosas pequeñas porque los cerebros con esas respuestas hacen más copias de sí mismos.

Sabemos que el cerebro está siempre aprendiendo de lo que funciona y, en la adolescencia, lo que funciona son las miradas saludables, las alianzas sociales y el deseo de correr riesgos. Puedes culpar de esto a nuestra sociedad, pero esos factores han estimulado nuestra neuroquímica desde el principio de los tiempos. Cualquier cosa que mejore la apariencia de un adolescente, sus alianzas sociales o la tolerancia al riesgo desencadena sustancias químicas de la felicidad y desarrolla circuitos. Y todo lo que amenaza nuestra apariencia, las alianzas sociales o la capacidad de correr riesgos conlleva grandes cantidades de cortisol.

Cualquier cosa que mitigara los sentimientos amenazados en la adolescencia construyó superautopistas en el cerebro. El cinismo puede haber funcionado. Tal vez hayas mirado a los niños que tenían lo que tú querías y dijiste: «Son imbéciles». Hace sentirse bien, lo que allana el camino para que lo veas de esa forma de nuevo.

Por debajo de la lógica de la edad adulta subyace un sistema operativo concentrado en cosas relevantes para el éxito reproductivo. Nadie pretende ver el mundo a través de la lente de su experiencia adolescente, pero construimos nuestra lente con el cerebro que hemos heredado.

El cerebro de un mamífero dice:
Por debajo de la lógica verbal de la edad adulta subyace un sistema operativo que se concentra en cosas relevantes para el éxito reproductivo. Nadie pretende ver el mundo a través de la lente de su experiencia adolescente, pero construimos nuestra lente con el cerebro que hemos heredado.

TRADICIÓN

En el estado de naturaleza, el sexo genera crías. Durante la mayor parte de la historia humana, la gente no decidió tener niños. Decidían tener sexo y terminaban con un bebé. Luchaban para aliviar el llanto del bebé, y la lucha se incrementaba cuando llegaban más bebés. Nuestros antepasados tenían poco tiempo para reprogramarse después de la pubertad. Los humanos evolucionamos para programarnos en la juventud y después estar ocupados educando a la siguiente generación. Actualmente, la revolución de la planificación familiar nos ha ofrecido una oportunidad sin precedentes para concentrarnos en nuestra propia reprogramación si así lo decidimos. Esto es un nuevo paso en la experiencia humana, que nos ayuda a entender por qué la empresa de cambiar nuestra programación temprana es más difícil de lo que esperamos.

Neuronas espejo

Todo cerebro tiene neuronas especiales que se activan cuando vemos a otra persona obtener una recompensa o evitar el dolor. Estas neuronas espejo desempeñan un papel importante en el aprendizaje social. Observar a otros desencadena menos electricidad que experimentar algo por nosotros mismos, pero si lo observamos repetidamente es suficiente para establecer un puente entre nuestras neuronas. Lo que vemos en nuestros años de mielina nos programa para ejecutar esa conducta nosotros mismos. Un mono joven se programa para conseguir recompensas de formas en las que ve a otros recibir recompensas, y para evitar el dolor ve a otros evitar el dolor.

Las neuronas espejo nos ayudan a entender las numerosas conductas autodestructivas de nuestro mundo. Normalmente, un mamífero no se inflige dolor a sí mismo sólo para disfrutar del alivio. Eso no promovería la supervivencia. Pero si vemos a otros involucrándose en una conducta autodestructiva, y conseguimos una pequeña recompensa, es más fácil comenzar. Y una vez que comenzamos, es más fácil repetir. Se siente como algo malo. Pero las distracciones, la solidaridad social y quizás algo de endorfinas hace sentirse bien. Eso nos programa con la expectativa de que nos sentiremos bien de nuevo.

LA AUTODESTRUCCIÓN Y LA BÚSQUEDA DE SEGURIDAD

Nuestro cerebro puede «aprender» que una galleta mitiga una sensación de amenaza. Cada vez que comemos una galleta en un mal momento, el circuito se va construyendo. Pronto, nuestro cerebro espera que las galletas mitiguen las amenazas. No pensamos eso conscientemente, por supuesto. Pero la idea de no comer una galleta empieza a percibirse como insegura. Comer demasiadas también hace sentirse mal, pero el mal sentimiento desencadena una búsqueda de alivio, que origina el pensamiento de más galletas. De igual modo, un cerebro puede «aprender» para buscar alivio en el cinismo. Una persona puede maldecir el sistema cuando se siente amenazada, quizás imitando a otros que maldicen el sistema. Con la repetición podemos terminar programándonos para maldecir el sistema siempre que nos sintamos amenazados. Cuando la electricidad fluye por este canal bien desarrollado, nos sentimos como si tan sólo estuviéramos viendo algo obvio. El hábito es autodestructivo si se sustituye por acciones que cubren nuestras necesidades y evitan el daño. Podemos terminar con más cortisol y la urgencia de mitigarlo con más cinismo.

50

El apocalipsis ante nosotros

El cerebro animal se concentra en las amenazas que puede ver, oír u oler, pero la gran corteza humana puede imaginar amenazas abstractas e intangibles. Por eso somos conscientes de nuestra propia mortalidad. Luchamos por la supervivencia con el conocimiento cierto de que nuestros esfuerzos fracasarán algún día. No necesitamos ver un león para saber que algo nos matará en el futuro. No sabemos qué nos matará, por lo que nos sentimos motivados para anticipar toda posible amenaza. Todas las personas deben encontrar una forma de manejar su cortisol mientras viven con esta sentencia de muerte. La creencia en otra vida es una forma. Las distracciones son otra. Y algunas personas dicen: «Los cigarrillos me matarán después, pero tendré un ataque cardíaco en este momento si no fumo uno».

El cinismo es una respuesta popular a este dilema existencial. Concentrarse en la idea de que todo el mundo está condenado puede distraernos del hecho de que nuestro cuerpo mortal está condenado. Superficialmente, puede parecer que esto aumenta el dolor. Pero el hecho de creer que todo el mundo acabará cuando nosotros terminemos, alivia el sentimiento de que nos perderemos algo. La gente no piensa conscientemente que el mundo morirá cuando ellos mueran. Pero buscamos evidencias externas que encajen con nuestro sentido interno de amenaza. Si nuestro cerebro busca indicios del «fin», veremos un mundo a punto de caer en el desastre. Y parecerá obviamente cierto.

Hay otras formas de manejar nuestro sentido de la mortalidad. Hacer algo que dure es una muy popular. Puede ser un hijo, una organización, un monumento, un alma inmortal o una obra de arte. Cuando te concentras en construir algo que dure, tu mamífero interno tiene la buena sensación de promover su supervivencia.

Pero esta estrategia genera una nueva serie de inconvenientes. La más pequeña amenaza a tu hijo, a tu organización, a tu alma inmortal o a tu obra de arte comienza a sentirse como una amenaza para la supervivencia. Si tu hijo suspende un examen, o el presupuesto de tu organización disminuye un 1 por 100, puede que tengas una sensación extrema de urgencia. Sentirás una necesidad urgente de «hacer algo», pero hay mucho que puedes hacer. Por ello vuelves a las estrategias que funcionaron antes, ya sea una pizza, un martini o la idea de que todo el mundo se va al garete.

51

El cerebro humano dice:

La gente no piensa conscientemente que el mundo morirá cuando ellos mueran. Pero buscamos evidencias externas que encajen con nuestro sentido interno de la amenaza. Si tu cerebro siempre busca indicios del «final», verás un mundo a punto de caer en el desastre. Y parecerá obviamente cierto.

El cerebro humano puede torturarse con sus propias abstracciones, pero también podemos beneficiarnos de nuestra capacidad de abstraer. Podemos anticipar problemas antes de que éstos nos perjudiquen. Cultivamos alimentos antes de tener hambre y protegemos a nuestros hijos de los depredadores antes de que se los coman. Pero, en cuanto solucionamos un problema, nos concentramos en el siguiente, por lo que los éxitos no contrarrestan eficazmente los sentimientos de amenaza. Nuestra vulnerabilidad innata sigue atrayendo nuestra atención. Es difícil que una corteza grande conectada con un sistema límbico se sienta segura, la razón por la que las cosas que mitigan las amenazas resultan atractivas.

Cuando te dices a ti mismo que el mundo está mal, presupones que la información procede de tu lógica superior. Escuchas a la gente inteligente quejarse del destino del mundo, por lo que parece inteligente hacer lo mismo. No consideras al cinismo un esfuerzo para sentirte seguro con el equipamiento heredado de tus antepasados. Afortunadamente, hemos heredado sustancias químicas de la felicidad, además de las relacionadas con la amenaza. La dopamina, la oxitocina y la serotonina nos hacen sentir bien, y eso mitiga o enmascara el cortisol. Curiosamente, la negatividad es buena a la hora de estimular sustancias químicas de la felicidad, y veremos cómo lo hace en los siguientes capítulos.

Resumen científico

Cualquier cosa que contrarreste una amenaza la sentimos como buena desde la perspectiva de nuestro cerebro de mamífero. Cuando la negatividad alivia una sensación de amenaza, nuestro cerebro de mamífero la busca y espera sentirse bien con ella.

- Hemos heredado un cerebro que se concentra en las amenazas porque eso promueve la supervivencia.

- Nuestra sustancia química natural de la amenaza nos alerta de la evidencia de la amenaza, por lo que podemos actuar para mitigarla.

- El cortisol hace que nos sintamos mal porque provoca una acción para escapar del sentimiento de amenaza.

- Aliviar una amenaza hace que nos sintamos bien, lo cual programa el cerebro para repetir cualquier conducta que haya aliviado previamente una sensación de amenaza.

- No siempre podemos aliviar una amenaza desde su origen, por lo que resulta tentador repetir conductas que hayan mitigado sensaciones de amenaza en el pasado.

- Una acción de lucha, huida o adulación puede contrarrestar una amenaza, y todas estas acciones pueden lograrse con la negatividad.

- La respuesta de lucha es una aproximación a la amenaza, a pesar del impulso natural de apartarnos de ésta. La negatividad nos permite luchar en abstracto y con ello evitar los daños.

- La huida puede lograrse con las distracciones, cuando la amenaza de la que huimos está generada internamente. La negatividad generalizada proporciona una distracción de amenazas más cercanas.

- El cerebro de un mamífero puede a veces escapar de amenazas inminentes de depredadores quedándose paralizado. La

53

negatividad es una forma de quedarse paralizado en respuesta a una amenaza inmediata.

- La adulación es la estrategia propia de un mamífero que consiste en evitar el daño sometiéndose a la dominación social. Los humanos se someten cínicamente a la dominación social cuando ayuda a evitar el daño.

- Nacemos indefensos y vulnerables, y debemos prestar atención a nuestra necesidad de sobrevivir. Esta temprana sensación de las amenazas es el núcleo de nuestro modelo mental del mundo.

- Los primeros circuitos neuronales se actualizan en la pubertad, cuando el desprecio social se percibe como una amenaza para la supervivencia.

- La mielina aísla las neuronas para crear las superautopistas de nuestro cerebro. Esta sustancia abunda en el cerebro antes de los ocho años y durante la pubertad, razón por la que la experiencia temprana construye las rutas en las que nuestro cerebro tiende a basarse.

- Sabemos que moriremos algún día y el mundo continuará sin nosotros. Esto afecta a nuestra visión de la vida de una forma no verbal.

CAPÍTULO 3

LA POSITIVIDAD DE LA PREDICTIBILIDAD

*La alegría de la dopamina se libera cuando el mundo
concuerda con, o excede, tus expectativas.*

Los mamíferos sobreviven haciendo predicciones.

Un elefante hace una predicción cuando da el primer paso hacia un pozo de agua que se encuentra a cien kilómetros. Puede morir de hambre si hace demasiadas predicciones erróneas. La alegría de cubrir finalmente su necesidad de agua desencadena una gran oleada de dopamina. Esto conecta todas las neuronas activas en ese momento. Ahora el elefante está programado para empezar a liberar dopamina y para esperar agua, cuando percibe visiones, sonidos y olores similares. Así es cómo un elefante preocupado por el agua encuentra un pozo que nadie ha visitado durante veinte años. La dopamina dirige todos los pasos del viaje, y se libera con cada señal conocida que anticipa el hecho de cubrir una necesidad.

Los seres humanos experimentan la dopamina como la estimulación de ver la línea de meta de un maratón o sacar una hogaza de pan fresco del horno. Pero la dopamina no evolucionó para la diversión. Nos motiva a dar el paso siguiente cuando vemos una forma de cubrir nuestras necesidades.

Tu dopamina puede empezar a fluir cuando piensas en tu restaurante favorito. La buena sensación aumenta cuando encuentras un sitio para

55

aparcar cerca del restaurante. Se trata de tu mecanismo de búsqueda de alimento de un mamífero en acción. En el estado de naturaleza, muchos nutrientes son escasos, por lo que el cerebro los busca constantemente para sobrevivir. La dopamina genera una buena sensación cuando cuentas con pruebas de que cubrirás alguna necesidad.

Ahora imagina tu decepción cuando llegas al restaurante y está cerrado. Te sientes aliviado al ver un cartel que dice que cierra pronto los martes. Te has perdido la comida hoy, pero por lo menos podrás predecir cómo conseguirla en el futuro. La predictibilidad desencadena las buenas sensaciones de que tus necesidades quedarán cubiertas.

En este capítulo aprenderás cómo la negatividad estimula la dopamina generando expectativas que puedes cumplir. Esperas lo peor, y eso es lo que consigues. Eso parece doloroso, y lo es, pero también obtienes una buena secreción de dopamina cuando confirmas tus predicciones sobre cómo funciona el mundo («¡Lo sabía!»).

DOPAMINA Y NEGATIVIDAD

La negatividad genera predictibilidad. Cuando dices «las cosas no les salen bien a las personas como yo», tal vez no obtengas lo que quieres, pero percibes la buena sensación de saber cómo funcionan las cosas. El cerebro libera un poco de dopamina cada vez que confirma una predicción. Un mamífero cubre sus necesidades haciendo una predicción, dando un paso y después evaluando los resultados antes de elegir su próximo paso. Si los resultados son decepcionantes se libera cortisol, que alerta al mamífero para modificar sus acciones. Si los resultados cumplen o exceden las expectativas, se libera dopamina. La negatividad te ayuda a establecer expectativas que puedes cumplir, por lo que es una forma fiable de disfrutar de un poco de dopamina.

Todo cerebro genera expectativas sobre cómo obtener recompensas basadas en su propia experiencia única. Las recompensas inesperadas, como recibir flores de un admirador secreto o un aumento de sueldo mayor de lo esperado, desencadenan emociones con cantidades muy grandes de dopamina. Por supuesto, no podemos predecir las recompensas inesperadas, y normalmente no predecimos las recompensas que esperamos. Pero la dopamina no evolucionó para hacernos felices todo el tiempo. Evolucionó para almacenar nueva información sobre las recompensas.

El cinismo es una forma de segregar dopamina cuando fallan otros procedimientos. Si te dices a ti mismo «todo es tan injusto», siempre puedes encontrar pruebas para demostrarlo. De este modo generas expectativas que puedes cumplir y te sientes bien.

. . . .

El cerebro de un mamífero dice:
Tu dopamina fluye cuando anticipas el hecho de cubrir una necesidad. Las señales relacionadas con recompensas pasadas te motivan a seguir buscando.
. . . .

La dopamina permite que un elefante sediento se sienta bien antes de satisfacer su necesidad. La sustancia química realiza su labor liberando energía y una sensación de estimulación durante los pasos necesarios para lograr una recompensa. Una larga caminata hacia un pozo de agua, mientras uno está sediento, se percibe como algo malo, pero la dopamina permite que cada paso haga sentirse bien. Los mamíferos hacen con entusiasmo cosas que estimulan su dopamina, como buscar comida o una posible pareja para aparearse. El gran cerebro humano se basa en la dopamina para los numerosos pasos implicados en un objetivo complejo. Ya sea que intentes convertirte en médico o estés planificando tus vacaciones de ensueño, tu cerebro predice los pasos que cubrirán la necesidad, y te recompensa con una buena sensación cada vez que ves que estás un paso más cerca. Te sientes estupendamente al ver la licencia de médico o llegando a tu fabuloso destino de viaje, pero la dopamina a lo largo del camino es lo que lo hace posible.

La dopamina promueve la búsqueda, y la búsqueda promueve la supervivencia. No siempre encontramos lo que buscamos, por lo que a menudo terminamos sufriendo la acción del cortisol. Las malas sensaciones nos motivan a abandonar un camino que no cubrirá nuestras necesidades y a encontrar otro nuevo que estimule nuestra dopamina. Si un elefante recorre muchos kilómetros sin ver una señal familiar, aumentan las malas sensaciones. Eso le motiva a buscar en otro sitio, y una buena

57

secreción de dopamina le recompensa cuando por fin aparecen las imágenes familiares. Cubrir las necesidades reales es lo que importa en el estado de naturaleza, pero las buenas sensaciones comienzan tan pronto como esperamos cubrir una necesidad. Las expectativas positivas nos motivan a buscar.

Por supuesto, el mundo no siempre es predecible, por lo que nuestras expectativas se ven frustradas. No estamos diseñados para segregar dopamina en todo momento, sino para seguir deseándola. Es difícil hacer eso después de unas pocas decepciones, por lo que la secreción de dopamina que obtenemos del cinismo puede parecer atractiva. Cuando decimos «los idiotas que están en el poder nos llevarán a la ruina», buscamos pruebas para «demostrarlo», y nos sentimos bien cuando las encontramos.

ESFUERZO FRENTE A RECOMPENSA

Un mamífero tiene una energía limitada para cubrir sus necesidades, por lo que la supervivencia depende de decisiones cuidadosas sobre dónde invertir su esfuerzo. Si un león ha corrido detrás de una gacela que ha visto, se quedará sin energía y pasará hambre antes de conseguir comida. En realidad, el león sopesa cada objetivo potencial y ahorra energía para uno que espera alcanzar. El león cuenta con una base de datos de expectativas porque éxitos pasados le hicieron segregar dopamina, que conectó sus neuronas. Cuando un león ve una gacela que está cerca, parece débil y permanece sola, se dispara la dopamina en su organismo y comienza la acción.

La dopamina le indica a tu cerebro que libere las reservas de energía. Si has hecho eso en todo momento, te habrás quedado sin energía antes de cubrir tus necesidades. En su lugar, tu cerebro ahorra energía hasta que ve evidencias de que las recompensas son probables. Define las recompensas a partir de la experiencia, lo cual incluye la experiencia imaginada que una corteza grande puede desencadenar, como actuar en Carnegie Hall. Las recompensas también se definen por las necesidades no cubiertas. Si estás deshidratado, emprender el camino hacia el agua hará que te sientas bien, pero una vez que tus necesidades estén cubiertas, dicho camino no activará tu dopamina. Si estuvieras hambriento, la promesa de obtener plantas te estimularía, pero, una vez que tus necesidades calóricas están cubiertas,

58

esas plantas no se consideran una recompensa. Cuando tus necesidades físicas se cubren, las sociales atraen la atención de tu cerebro de mamífero. Es fácil ver por qué tantas personas quieren actuar en Carnegie Hall. Construimos expectativas sobre las maneras de cubrir nuestras necesidades sociales, y nos sentimos bien cuando progresamos hacia ellas.

Nuestra mente consciente tiende a concentrarse en un objetivo grande y concreto, anticipando una gran secreción de dopamina. Pero se necesitan pequeñas secreciones de dopamina para apoyar cada paso. Consideremos todos los pasos implicados cuando un mono ve una jugosa fruta en lo alto de un árbol. El primer paso consiste en decidir si la recompensa esperada es mayor que el esfuerzo necesario. Si tiene hambre y parece que puede trepar al árbol, se libera dopamina y el mono empieza a planear su curso de acción. Busca la mejor ruta hacia lo alto del árbol y el mejor primer paso. Antes de poner su peso sobre esa primera rama, comprueba que ésta aguantará. Se libera dopamina si hay una predicción positiva basada en experiencias pasadas trepando a árboles. Una vez que se encuentra seguro en la primera rama, elige y comprueba el siguiente paso, y se inicia la siguiente secreción de dopamina. El camino hacia la recompensa se ve acompañado de numerosas secreciones de dopamina.

. . . .

El cerebro de un mamífero dice:
El camino hacia la recompensa se ve acompañado de numerosas secreciones de dopamina.

. . . .

El objetivo se vuelve más difícil a medida que el mono se aproxima a la fruta. Las ramas son delgadas, el suelo está lejos y hay monos rivales que se interponen en su camino. Se vuelve más cuidadoso, lo que conlleva confirmar las expectativas con más detalle. Segrega dopamina cuando la fruta está a su alcance. Todas las neuronas activadas por el esfuerzo se unen en la ruta de la dopamina, lo cual mejora sus habilidades de búsqueda en el futuro.

La dopamina desarrolla habilidades sin esfuerzo o intención. Imagina a tus antepasados encontrando un estanque lleno de peces. Se estimularían en gran medida porque la proteína es una buena recompensa en el estado de naturaleza. La proteína es vital para el éxito reproductivo, y cubrir una necesidad importante desencadena una gran secreción de dopamina. Todas las vistas, sonidos y olores del momento se conectaron, lo cual ayudó a tus antepasados a encontrar más peces en el futuro. Las buenas sensaciones les motivaron a buscar más estanques en espera de más buenas sensaciones. No siempre sabemos por qué tenemos una buena sensación sobre algo porque el camino no se basa en palabras.

Lamentablemente, las buenas sensaciones pueden llevarnos a equívocos. Los leones fracasan en el 95 por 100 de sus intentos. Los monos escalan a lo alto de los árboles y pueden perder la fruta ante un rival. Tus antepasados emprendieron largas caminatas hacia estanques que ya se habían secado. El cortisol indica a un mamífero que deje de invertir en un objetivo sin recompensa. Pero la dopamina ayuda al mamífero a sentirse estimulado por una nueva meta prometedora.

Recompensas sociales

Tu cerebro se concentra en las necesidades sociales cuando se cubren las necesidades inmediatas de supervivencia. Por ejemplo, con quien te sientas para almorzar importa poco si tienes hambre. Pero, una vez que tus necesidades básicas están satisfechas, un almuerzo con una compañía especial puede llevar a segregar grandes cantidades de dopamina. Lamentablemente, las recompensas sociales pueden ser difíciles de predecir. Ese almuerzo especial que has esperado puede no llevarse a cabo. Pueden segregarse grandes cantidades de cortisol buscando recompensas sociales. Intentas hacer buenas predicciones, pero tu compañero mamífero no siempre te recompensa como esperas. Cuando la vida no cumple con tus expectativas, puede ser difícil elegir tu próximo paso. La gente suele caer en el cinismo para reorientarse. Puedes decirte a ti mismo: «Nada funciona en este retorcido mundo», y siempre puedes encontrar evidencias de que tu predicción es correcta.

«Yo no –puedes decir–. Yo sólo quiero los hechos». No nos imaginamos filtrando los hechos del mundo en busca de las pruebas que confirmen nuestras expectativas. Pero para eso está diseñado el cerebro. En un mundo de sobrecarga sensorial, estamos diseñados para buscar datos que encajen con las expectativas en lugar de malgastar nuestros recursos limitados con estímulos aleatorios.

60

EXPECTATIVAS FRENTE A REALIDAD

Debemos generar constantemente expectativas para dar sentido al mundo. Por ejemplo, cuando lees, estás en todo momento prediciendo qué letras y significados vendrán a continuación. Se segrega dopamina cuando la información de la página concuerda con tu expectativa, y después generas la siguiente predicción y la siguiente secreción de dopamina. Puedes dar sentido a una errata o a un letrero en el que faltan letras, o a una palabra escrita erróneamente, aunque no sean un ajuste perfecto, porque tus expectativas siempre rellenan los espacios en blanco. Haces esto tan fácilmente que ni siquiera detectas que el error es tan grande que el cortisol te induzca a releer la frase.

De la misma forma, siempre haces predicciones sobre cómo funciona el mundo. Cuando una predicción es errónea, se percibe como una amenaza para la supervivencia hasta que la corriges, por lo que siempre buscas formas de mejorar tus predicciones. En cualquier momento que puedas predecir amenazas y obstáculos, segregas dopamina y te sientes bien.

Cuando te dices a ti mismo: «El pequeño no tiene ninguna oportunidad», dispones de la buena sensación de saber cómo funciona el mundo. Tienes una forma de hacer predicciones que evita la decepción. Sigues abierto a los hechos, pero tu cerebro toma decisiones sobre qué hechos son importantes. Un león hambriento ignora a la gacela que está fuera de su alcance. Un elefante sediento ignora la ruta que no conduce al agua. Tu cerebro se esfuerza por predecir el camino con la mejor recompensa para el esfuerzo y la protección del daño.

PREDICIENDO RECOMPENSAS SOCIALES

Un mamífero debe cubrir sus necesidades sociales para mantener sus genes vivos. Cuando consigue una recompensa, como la atención de un poderoso aliado o una pareja deseable, las sustancias químicas de la felicidad desarrollan una ruta que ayuda a encontrar más recompensas sociales en el futuro. El cerebro del mamífero está siempre haciendo predicciones sobre cómo cubrir las necesidades sociales. Cuando das un paso hacia una recompensa, fluye la dopamina y planeas tu siguiente paso. Si has logrado conseguir el empleo deseado, una cita o una sonrisa de aprobación, has fortalecido el circuito de la dopamina. Pero la buena sensación pronto se metaboliza y tu cerebro enseguida busca una forma de conseguir más. Sería estupendo tener una fórmula garantizada para las recompensas sociales, pero, a pesar de nuestros esfuerzos, las expectativas a veces no se cumplen.

En ocasiones, un mono acaricia a otro y no consigue nada a cambio. A veces un simio corteja a una pareja y es del todo ignorado. El cortisol lleva al mamífero a probar algo diferente, pero, después de algunas decepciones puede resultarle difícil predecir en qué invertir su energía. Por eso a menudo volvemos a las superautopistas neuronales que mielinizamos en nuestra juventud. La electricidad fluye sin esfuerzo por las rutas construidas mediante conductas que fueron recompensadas en el pasado. Tal vez consistiera en marcar un tanto jugando al fútbol o reunirte con tus amigos para ver tu partido favorito. Por supuesto, sobrepasar con la pelota una línea[1] no cubre necesidades de supervivencia reales, pero se segrega dopamina cuando esperas una recompensa social. Todo cerebro predice recompensas sociales a partir de su propia experiencia vital. Tal vez vivieras en un mundo donde las recompensas sociales las consiguiera alguien que cocinara una gran comida, que solucionara una gran ecuación o que encontrara un bar abierto en horas intempestivas. Hay formas ilimitadas de conseguir recompensas sociales, pero las que observamos y disfrutamos en nuestra juventud desarrollaron expectativas que perduran.

Muchas personas obtienen recompensas sociales con el cinismo. Ven que criticar el mundo implica respeto. Esperan esa buena sensación cuando condenan el mundo. Muy pronto la buena sensación se metaboliza y vuelven a criticar el mundo.

POR QUÉ EL MUNDO DECEPCIONA

No segregarás dopamina si vuelves al mismo agujero para pescar cada día. Tendrías que encontrar un agujero más grande para conseguirlo porque tu cerebro da por supuesta la recompensa que tienes. Antes de culpar a esto en «nuestra sociedad», ten en cuenta este transcendental estudio.

---

1. La autora se refiere al fútbol americano. *(N. del T.)*

62

En una ocasión, los investigadores entrenaron a monos para realizar una tarea a cambio de hojas de espinacas. Un día sorprendieron a los monos con una recompensa inesperada (zumo de manzana dulce), en lugar de las espinacas. La dopamina de los monos se disparó, porque el azúcar proporciona más energía para la supervivencia. La dopamina es la forma en que el cerebro dice: «Esto sí que cubre tus necesidades. ¡Consigue más!». Pero la dopamina de los monos disminuyó después de algunos días, aunque siguieron tomando el zumo. Llegó un momento en que éste no generó respuesta alguna de la dopamina. Era igual de dulce, pero no era una información nueva. La tarea de la dopamina consiste en programar nuevas expectativas. Cuando los monos esperaban el zumo, no era una recompensa nueva, por lo que no segregaron dopamina.

Este experimento tuvo un punto culminante. Los investigadores volvieron a cambiar a la recompensa de las espinacas en lugar del zumo. Los monos se pusieron rabiosos. Chillaron, se agitaron y tiraron las espinacas a los investigadores. Esta acción conllevó una gran decepción, pero el punto culminante proporcionó a los investigadores una información importante.

El cerebro de un mamífero está siempre comparando las recompensas con las expectativas. Una recompensa que supera las expectativas nos inunda de dopamina, otra que se queda corta nos alarma con cortisol. Estos subidones y bajones neuroquímicos motivan a un mamífero a seguir buscando, lo cual promueve la supervivencia de su esencia individual única. Pero estos constantes subidones y bajones hacen que los humanos se sientan frustrados en sus vidas, por otra parte cómodas.

. . . .

El cerebro de un mamífero dice:
El cerebro de un mamífero está siempre comparando las recompensas con las expectativas. Una recompensa que supera las expectativas nos llena de dopamina, otra que se queda corta nos alarma con cortisol. Estos subidones y bajones neuroquímicos motivan a un mamífero a seguir buscando, lo cual promueve la supervivencia de su esencia individual única. Pero estos constantes subidones y bajones hacen que los humanos se sientan frustrados en sus vidas, por otra parte cómodas.

. . . .

Es difícil enfrentarse al mundo con un cerebro que busca dopamina. Cuando conseguimos lo que buscamos, la sensación no dura, pero perder la recompensa que no nos hizo felices puede hacer que nos pongamos tristes. Tal vez hayas observado esta paradoja en ti mismo o en otras personas. Es posible que hayas culpado a la sociedad o a la personalidad sin saber que todo mamífero dispone de la misma respuesta. No existe un camino real hacia la dopamina. El cerebro que hemos heredado ahorra sustancias químicas de la felicidad para nuevas rutas, a fin de cubrir sus necesidades. Por tanto, en lugar de ser feliz simplemente existiendo, tenemos que seguir buscando, adaptándonos a las decepciones y buscando de nuevo.

Imagina que ganas un certamen de ortografía mientras estás en segundo curso, y que recibes una recompensa social que supera tus expectativas. Tu dopamina se dispara, lo que te programa para pensar: «¡Esto cubre de verdad mis necesidades!». La ruta neuronal resultante te ofrece una buena sensación cuando estudias para deletrear palabras porque anticipas una recompensa. Pero, después de ganar unos cuantos certámenes más, la misma recompensa ya no es nada especial. Es difícil obtener la estimulación necesaria para motivar todo ese esfuerzo. Tu cerebro busca nuevas recompensas y aprende de la observación. Ves a personas conseguir recompensas mayores gracias a otros logros y desarrollas nuevas expectativas.

Las recompensas que son más relevantes para la supervivencia hacen segregar más dopamina. Imagina a un niño que ve a un médico curar a su madre de una enfermedad grave. En ese momento, ante la idea de convertirse en médico experimentará una gran elevación en sus niveles de dopamina. Un niño se encuentra a miles de pasos de ser un médico, pero la dopamina hace que estos pasos se perciban como buenos siempre que el objetivo parezca más cercano con cada paso. Habrá obstáculos y contratiempos, pero el estudiante sigue invirtiendo esfuerzo siempre que se cumplen sus expectativas. Cuando por fin cura a su primer paciente, puede tener una enorme secreción de dopamina, y el sentimiento de recompensa puede durarle un tiempo. Pero, eventualmente, el cerebro se habitúa a la misma recompensa. El médico puede sentir que falta algo: la dopamina.

Todo cerebro experimenta ese sentimiento de que «falta algo». Convertirse en una estrella del rock sólo estimularía tu dopamina durante al-

64

gún tiempo, y después tu cerebro querría más. Convertirte en presidente no hará que tu cerebro sea feliz para siempre. Pensarías en una segunda reelección, y después en ocupar un lugar en la historia. Eso es lo que conlleva conseguir más dopamina. El cerebro de un mamífero se habitúa a las antiguas recompensas y busca otras nuevas.

La gente suele aprender a renovar esa vieja sensación embarcándose en nuevos objetivos. Un médico, por ejemplo, estudia una nueva especialidad. Una estrella del rock se crea una nueva imagen. Un amante de los videojuegos encuentra un nuevo nivel y después un nuevo juego. Un deportista escala una cumbre elevada y un jugador arriesga una apuesta mayor. Pero esto es difícil de hacer, por lo que siempre puede persistir el «sentimiento de que falta algo». Podría convencerte de que algo va mal en el mundo si no has entendido en qué consiste el cerebro de un mamífero.

DECEPCIONES DE ADULTO

Cuando eres joven, es fácil imaginar un futuro fabuloso. Crees que serás feliz todo el tiempo cuando no tengas que irte a la cama a una hora fija y nadie te imponga exámenes. Después las cosas se ponen más duras de lo que esperabas. En la pubertad anhelas las recompensas sociales y te decepcionas algunas veces. Ves a otros obtener recompensas y tu cerebro intenta averiguar lo que funciona. Construyes expectativas. «Algún día yo seré quien las consiga», piensas. Pero, cuando obtienes lo que buscas, tu cerebro quiere más. Si te invitan a una fiesta, esperas que te inviten a otra. Si haces bien un examen, esperas hacer bien el siguiente. Una vez que esperas estas recompensas, necesitas una recompensa mayor para estimularte. Cualquier cosa de menor calado te frustra.

Las frustraciones de la madurez se han captado perfectamente en los vídeos de monos jóvenes intentando abrir nueces. En el mundo de los monos, sólo comes nueces si las abres tú mismo. Las nueces son muy motivadoras porque la grasa y la proteína son escasas en el estado de naturaleza, por lo que se segrega mucha dopamina. Pero los monos adultos nunca proveen a sus pequeños de nueces. Éstos cogen trozos de las cáscaras de sus madres, y la recompensa les programa para buscar más. Ven a otros obtener la recompensa e imitan su conducta. Pero abrir nueces no es fácil. Se

65

pueden tardar años en cogerle el tranquillo. El mono joven sigue intentándolo porque hay pocas formas de conseguir una elevación de dopamina de esta clase. Si abandona la empresa, se pierde la nutrición y la fuerza que aportan las nueces, lo cual conlleva que sea menos probable que sus genes se transmitan. Nosotros no descendemos de los individuos que dijeron: «Algo está mal en estas nueces», sino de los que perseveraron hasta que consiguieron la recompensa.

El cerebro de un mamífero dice:
Nosotros no descendemos de los individuos que dijeron: «Algo está mal en estas nueces», sino de los que perseveraron.

Durante los años en que tus neuronas se mielinizaron, viste a otros abrir nueces y construiste expectativas. Sin embargo, las cosas no siempre funcionaron como predijiste, porque la experiencia adolescente nunca es una representación perfecta de cómo funciona realmente el mundo.

Es una lástima que las rutas que mielinizaste sigan todavía configurando tus expectativas. Ya sea que esperases obtener muchas nueces mientras otros miraban con admiración, o esperases un mundo en el que fueran otros quienes consiguen las nueces, es fácil terminar sintiendo frustración y segregando cortisol.

Tal vez imaginaras un mundo en el que las cosas funcionaban tal como preveías, pero, una vez que rompiste unas pocas nueces, dejó de parecerte algo importante. Quizá vieras a otros romper nueces más grandes, con mayor rapidez. Tu cortisol fluye mientras piensas: «¡Esto no es lo que yo esperaba!». Es posible que fracasaran tus primeros intentos de romperlas y aprendiste a abandonar la empresa para evitar la frustración. Cuando piensas que otras personas consiguen todas las nueces, puedes encontrar pruebas fácilmente.

Tal vez tuvieras éxito al abrir las nueces, pero te golpeaste los dedos con una piedra en el proceso. Entonces, aprendiste a esperar dolor a causa de tus nueces. Ahora sigues golpeándote los dedos porque sabes que funciona. No buscas una alternativa porque estás programado para esperar dolor.

66

ANTICIPANDO LO PEOR

Imagina a un mono intentando comer raíces de loto en aguas infestadas por cocodrilos. Consigue disfrutar de una deliciosa comida siempre que pueda ver que el depredador está en la otra orilla del río. Su dopamina se eleva cada vez que mira y ve al cocodrilo donde espera que esté. Las buenas sensaciones le indican que siga así y cubre sus necesidades con otra raíz de loto. Si no viera al cocodrilo en el lugar esperado, sus niveles de cortisol se elevarían y le dirían que hiciera algo rápido para mitigarlo.

El hecho de ver al cocodrilo se percibe como algo bueno en comparación con no verlo. Cuando una amenaza cumple con tus expectativas, parece que la tienes bajo control. Puedes volver al acto de cubrir tus necesidades y así te sientes bien.

La negatividad a menudo ofrece a la gente la sensación de tener una amenaza bajo control. Un pensamiento cínico es como mirar y ver al cocodrilo en el lugar esperado. Puedes decir: «Todo se va al infierno, como imaginé», y después puedes volver a disfrutar de tus raíces de loto.

Cuando eras niño conseguías recompensas prediciendo la conducta de otros. Esperabas obtener más poder sobre las recompensas a medida que crecías, pero la vida de adulto te transmite la sensación de que otros controlan las recompensas. Cuando te sientes decepcionado, es fácil culpar a otros en lugar de a tus expectativas de juventud. Es fácil considerar a otros como depredadores, aunque no lo pienses conscientemente. Tal vez te veas vigilando a la gente de la forma en que el mono vigila al cocodrilo. Puedes acabar concentrando gran parte de tu atención en «los idiotas que echan a perder las cosas».

Nuestro cerebro está siempre aprendiendo de los malos sentimientos. Con señales de peligro, nos enseñan a vigilar en un mundo sobrecargado de información. Una gacela conoce la diferencia entre un león que acecha y otro que simplemente pasa cerca. Corregir las predicciones es cuestión de vida o muerte, y no obstante todas las gacelas pueden hacerlo. Has heredado un cerebro que es muy bueno descubriendo problemas. Si miras un bonito mosaico al que le falta un azulejo, tu atención se concentra en el azulejo que falta. Aunque miles de azulejos estén colocados correctamente, observas lo que está mal. No tienes el objetivo de juzgar, pero tu cerebro define el contraste como una información importante. En el estado de naturaleza, un par de ojos en la oscuridad o un trozo podrido en una pieza de carne suponen contrastes con un valor urgente para la supervivencia. El cerebro humano considera fácil concentrarse en el azulejo que falta, y difícil ignorarlo.

Los bebés observan para buscar contrastes en cuanto nacen, que es la razón por la que se concentran en los ojos de la gente antes de saber lo que hacen los ojos. Los niños pequeños disfrutan encontrando diferencias, razón por la que disfrutan con la canción de *Barrio Sésamo*, «una de estas cosas no es como las otras». Encontrar el patrón entre un montón de detalles promueve la supervivencia y estimula la dopamina.

Nuestra enorme corteza nos permite comparar y contrastar patrones complejos en lugar de hacerlo sólo con los sencillos. La parte únicamente humana de nuestro cerebro organiza y manipula datos de forma sofisticada, pero se ve motivada para encontrar patrones porque nuestro mamífero interior se siente bien. Los patrones con los que nos hemos programado, procedentes de la experiencia pasada, nos ayudan a encontrar patrones similares en el mundo que nos rodea. El cerebro simplemente compara los circuitos neuronales desencadenados por nuevos estímulos con los circuitos que ya tiene desarrollados. Prácticamente no lo notamos porque lo llevamos haciendo desde que éramos pequeños. Cuando nos hallamos ante una amenaza o un obstáculo, nos programamos para reconocer ese patrón en los detalles que nos rodean. Por tanto, no es de extrañar que la gente vea un patrón de amenazas y obstáculos en su mundo.

LA TIERRA PROMETIDA

El cerebro que hemos heredado sigue buscando recompensas a pesar de los contratiempos y las frustraciones. Los cerebros pequeños buscan recompensas tangibles, pero los grandes como el nuestro pueden buscar recompensas abstractas que no hemos llegado a experimentar. Por ejemplo, podemos imaginar el aplauso de un público que nos aprecia, el afecto de un extraño misterioso o el sabor de un nuevo plato que hemos creado.

Cuando la dopamina disminuye, nos sentimos bien imaginando un mundo en el que hay recompensas en todo momento. Podemos imaginar los pasos que debemos dar para crear un mundo así, y la expectativa dispara los niveles de dopamina. Eso nos motiva a repetir esos pensamientos, y pronto nuestra imagen mental de un mundo mejor se convierte en un circuito importante en nuestro cerebro. El mundo que hemos imaginado parece más recompensante que cualquier cosa que esperamos del mundo en que realmente vivimos.

Una vez que programamos una tierra prometida en nuestro cerebro, segregamos dopamina en cada paso hacia su consecución. Si nos encontramos rodeados de personas que comparten nuestras expectativas, la estimulación aumenta. Resulta fácil ver por qué la gente forma alianzas sociales en torno a recompensas anticipadas.

Los seres humanos siempre han imaginado un mundo mejor. Cuando tenían hambre, el mundo mejor disponía de comida de sobra. Cuando la gente no tenía pareja, su mundo mejor les dejaba elegirla. La tierra prometida siempre viene definida por el dolor que parece que mitigamos. Si el peor dolor de nuestra vida es ver a otras personas abrir más nueces que nosotros, nuestra tierra prometida es un lugar en que nadie abre más nueces que nosotros. Cada paso que damos hacia ese lugar estimula la agradable sensación proporcionada por la dopamina de aproximación a las recompensas.

Pero esa buena sensación tiene un precio. Nuestro mundo real parece mezquino en comparación con el mundo mejor que hemos imaginado. Se vuelve más mezquino si invertimos nuestros esfuerzos en el mundo imaginado, y no en el mundo real. A veces la gente abandona sus necesidades reales porque esperan un mundo mejor para cubrir sus necesidades. La búsqueda de un mundo sin dolor puede terminar causando dolor. En lugar de hacer algo para acabar con el dolor, imaginan una tierra prometida, libre de dolor, y se concentran en eso. De esta forma, puede generarse aún más dolor. Es posible que conozcas a personas con hábitos autodestructivos que frecuentemente invocan una causa superior. Planifican dejar de beber/fumar/utilizar/derrochar/apostar tan pronto como el mundo sonría a esa causa, pero nunca parece llegar el momento adecuado.

Los animales no esperan que el mundo sea diferente de lo que es. No esperan limpiar por completo el mundo de depredadores y rivales. No esperan desterrar los malos sentimientos para siempre. Se concentran en los datos que llegan a sus sentidos. Los humanos podemos transformar antiguos estímulos en nueva información con la estructura cerebral que se

69

encuentra situada detrás de nuestra frente. Los simios no tienen frente. Su cráneo asciende justo por encima de sus cejas y viven sin imaginar utopías ni apocalipsis. Por supuesto, los impulsos humanos para imaginar el cambio poseen un gran valor. Pero eso no significa que podamos ignorar la realidad, tan sólo que no podemos vivir en la realidad que construimos en nuestra frente. La tarea de la corteza prefrontal consiste en generar expectativas de alternativas que predigan mejor la realidad. En eso reside nuestro poder para resolver problemas.

LAS ENCRUCIJADAS DE LA HISTORIA

Los animales no pueden imaginar su propia muerte, pero el generador de abstracciones humano conoce su futuro inevitable. A consecuencia de ello, nuestras ideas sobre el futuro están repletas de incomodidades. Algún día habrá un mundo en el que nosotros no existamos. Cuando imaginamos esto, nuestro cerebro de mamífero siente una amenaza para la supervivencia que procede de la propia corteza. Se percibe como un apocalipsis, y el cerebro de mamífero busca una forma de aliviarlo. Pensar en la muerte de la vida sobre la Tierra parece curiosamente un alivio. Nos sentimos mal con esa idea, pero no tanto como con el pensamiento de que el mundo seguirá existiendo sin nosotros. Nadie piensa esto conscientemente, pero las ideas de desastres que pueden ocurrir en el mundo acuden con facilidad a las mentes de las personas. Parece como si el mundo decayera cuando nosotros decaemos. Resulta cómodo pensar que no nos perderemos demasiado cuando nos hayamos marchado. Hacer predicciones sobre el futuro nos ayuda a sentir que tenemos todo bajo control. Es difícil controlar los eventos de nuestra vida individual, pero podemos conseguir una agradable sensación de control prediciendo los sucesos que acaecerán en la civilización, el planeta, la galaxia y los múltiples universos. La buena sensación de evitar los daños se expande cuando creemos que ayudamos a toda la vida que existe sobre la Tierra a prevenir el daño.

Cualquier cosa que promueva la supervivencia genera dopamina, por lo que la idea de promover la supervivencia a gran escala estimula niveles altos de dopamina. Cualquier forma de dejar una marca en el mundo se siente como algo bueno porque la selección natural ha construido un

70

cerebro que nos recompensa con sustancias químicas de la felicidad cuando promovemos la supervivencia de nuestra esencia individual única. Pero, cuando nuestros esfuerzos por dejar alguna marca se ven amenazados, lo sentimos como una amenaza para la supervivencia.

Nuestro cerebro humano dice:
Cualquier cosa que promueva la supervivencia genera dopamina, por lo que la idea de promover la supervivencia a gran escala estimula niveles altos de dopamina. Cualquier forma de dejar una marca en el mundo se siente como algo bueno porque la selección natural ha construido un cerebro que nos recompensa con sustancias químicas de la felicidad cuando promovemos la supervivencia de nuestra esencia individual única.

Cada cerebro se ve a sí mismo en el punto crucial de la historia. Vemos el futuro como el fruto de nuestras preocupaciones actuales, y el pasado, como la raíz de nuestras preocupaciones actuales. El cerebro interpreta el mundo en referencia a él mismo. Cuando otras personas se colocan en el centro de la historia, podemos creer que está distorsionada. Pero, cuando lo hacemos nosotros mismos, parece ser verdad.

A menudo oímos decir: «El futuro de la humanidad depende de lo que hagamos ahora». La idea de configurar el futuro desencadena la buena sensación de la supervivencia. Si creamos algo que sobrevive, alivia los miedos de la supervivencia propios de los mamíferos. Pero la buena sensación de encontrarnos en la encrucijada de la historia tiene un precio. Nuestras frustraciones personales se proyectan en el gran movimiento de la historia, y parece como si toda la humanidad sufriera lo que nosotros sufrimos. Parece como si viviéramos en una crisis histórica, y todas las decepciones de la historia humana son como una ola que se rompe delante de nosotros en este mismo momento.

Nuestro cerebro buscador de patrones encuentra fácilmente patrones en la historia. Resulta tentador buscar «el» patrón de la historia humana porque convierte la vida en predecible. Al encontrar pruebas de este gran patrón de unificación nos sentimos bien. Cuando otras personas filtran sus vidas mediante un gran patrón de unificación lo podemos observar fácilmente. Pero nuestro propio patrón es invisible. Es como si sólo viésemos los hechos. Resulta útil sentirnos seguros en un mundo de incertidumbre. Pero entonces esperamos que otros acojan nuestras predicciones y adopten nuestro curso preferido de acción. Puede parecer como si todo el mundo estuviera en peligro a no ser que siga nuestro plan.

Si centramos la atención en el transcurso de la historia, desarrollamos ese circuito en la mente. La corriente de la historia puede comenzar a sentirse tan real como los eventos que experimentamos directamente. Una persona puede estar tan concentrada en la situación histórica que puede descuidar sus necesidades individuales. Espera que la corriente de la historia le impulse. Sin embargo, ésta es sólo una abstracción. Si no damos pasos activamente para cubrir nuestras propias necesidades, podemos acabar decepcionados. Nuestro cerebro intentará dar sentido a esa decepción y puede caer en el cinismo.

Resumen científico

El cerebro segrega las buenas sensaciones de la dopamina cuando predice una recompensa, y la negatividad es una forma en que las recompensas parecen más predecibles.

- Cuando el cerebro encuentra pruebas que confirman sus predicciones, el organismo segrega un poco de dopamina. La negatividad nos ayuda a hacer predicciones que podemos confirmar, por lo que es una forma fiable de disfrutar de un poco de dopamina.

- Cubrir las necesidades reales es lo que importa en el estado de naturaleza, pero las buenas sensaciones comienzan en cuanto *esperamos* cubrir una necesidad. Las buenas sensaciones nos motivan a seguir buscando.

- La dopamina le dice al cerebro que libere las reservas de energía. Si hiciéramos eso todo el tiempo nos quedaríamos sin energía antes de cubrir nuestras necesidades. En su lugar, el cerebro ahorra energía hasta que tiene pruebas de que es probable conseguir alguna recompensa.

72

- El cerebro ahorra dopamina ante las nuevas formas de cubrir nuestras necesidades. Deja de segregar dopamina cuando se espera una recompensa y se crea la ruta dopaminérgica. Después, se necesita un nuevo paso hacia las recompensas, o una recompensa más que esperada para activarlo de nuevo.

- Estamos siempre haciendo predicciones sobre cómo funciona el mundo. Cuando las predicciones son erróneas, el cerebro intenta mejorar para cubrir eficientemente nuestras necesidades. Cuando los obstáculos bloquean el camino, afrontarlos promueve la supervivencia. En cualquier momento en que podamos predecir las amenazas y los obstáculos, segregamos dopamina y nos sentimos bien.

- El cerebro de mamífero siempre está comparando las recompensas con las expectativas. Una recompensa que supera las expectativas nos inunda de dopamina, otra que se queda corta nos frustra con cortisol. Estos subidones y bajones neuroquímicos motivan al mamífero a seguir buscando, lo cual promueve la supervivencia de su esencia individual única.

- Encontrar el patrón en un conjunto de detalles estimula la dopamina. La gente busca un patrón en las amenazas y los obstáculos de su mundo porque esto estimula las buenas sensaciones que pueden cubrir sus necesidades. Los cerebros pequeños se concentran en los patrones de la experiencia vivida, mientras que los grandes pueden construir nuevos patrones que la transcienden.

- Cuando nos parece que conocemos el patrón de la historia, nos sentimos capaces de prevenir los daños. Creemos que podemos proteger también a los demás de los posibles daños. Nos sentimos bien. Pero esta sensación requiere que otros acojan nuestras predicciones y adopten nuestro curso de acción preferido. Puede parecer que todo el mundo está en peligro a no ser que siga nuestro plan.

73

CAPÍTULO 4

LA POSITIVIDAD DE LA CONFIANZA SOCIAL

En la seguridad del grupo nos sentimos bien,
pero el cerebro toma decisiones cuidadosas sobre cuándo liberar
la buena sensación de la confianza.

El cerebro de los mamíferos evolucionó para buscar la seguridad en los grupos. A los humanos nos gusta la independencia, por supuesto. Odiamos ser «uno más de la manada». Pero nuestro cerebro de mamífero considera el aislamiento como una amenaza para la supervivencia. El resultado es un dilema constante: una mala sensación con la manada y una mala sensación sin ella.

La sustancia química llamada «oxitocina» causa la buena sensación de seguridad en torno a los demás. Es el sentimiento que llamamos «confianza». La confianza social promueve la supervivencia en el estado de naturaleza, por lo que nuestro cerebro nos recompensa con una buena sensación cuando damos con ella. Por supuesto, confiar en todos los bichos con que nos encontremos no promueve la supervivencia. El cerebro de mamífero evolucionó para tomar decisiones cuidadosas sobre cuándo confiar y cuándo no confiar. Sería estupendo disfrutar de la acogedora sensación de la oxitocina durante todo el tiempo, pero nuestro cerebro sólo la segrega cuando la confianza parece segura.

En el mundo animal, la oxitocina es estimulada por la presencia física constante de una manada o grupo. El contacto adicional con individuos en los que confiamos estimula que segreguemos más. La oxitocina construye rutas neuronales que indican al mamífero en quién confiar en el futuro. Sin embargo, el placer de la compañía tiene su lado negativo porque surgen conflictos cuando se reúnen varios mamíferos. Puede que un individuo desee tomar alguna distancia respecto al grupo, pero los depredadores matarían rápidamente a un mamífero aislado en el estado de naturaleza. En los mamíferos evolucionó un cerebro en el que se segrega cortisol cuando disminuye la oxitocina. Esto motiva a los mamíferos a buscar la seguridad de los vínculos sociales, a pesar de los conflictos.

Durante la mayor parte de la historia humana, las personas han permanecido junto a una tribu y una familia toda su existencia. Pasaban sus vidas, estando despiertos, conforme a las expectativas de su grupo. La idea de vivir sin el grupo parecía tan amenazadora que la mayoría hacía lo que se requería para mantener los vínculos. Raramente «hacían sus propias cosas». En la actualidad podemos sobrevivir sin ese tipo de vínculos. Podemos confiar en el sistema para cubrir las necesidades de supervivencia que una tribu o una familia habrían cubierto en el pasado. Cuando los conflictos nos frustran, podemos arriesgarnos a romper los vínculos sociales y buscar otros nuevos.

Pero la confianza social es más difícil de desarrollar de lo que podríamos esperar cuando abandonamos el mundo de nuestros circuitos de oxitocina mielinizados. La búsqueda de confianza social suele conllevar decepciones. El cinismo es una forma cómoda de aliviar esta mala sensación. Estimula la sensación agradable de «todos estamos juntos en esto», sin las frustraciones que conlleva vivir con una manada real. El cinismo desencadena la buena sensación que consiste en que todos los tipos buenos están con nosotros, sin las complicaciones de tenerlos realmente con nosotros. Tal vez nos guste nuestra privacidad, pero, cuando nos encontramos demasiado aislados, nuestro cerebro de mamífero transmite señales de amenaza. Si respondemos a la sensación de amenaza diciendo: «Todos nos iremos al infierno juntos», parece como si todo el mundo se fuera al infierno con nosotros.

Pero debemos pagar un precio por confiar en la manada cínica. Nos sentimos amenazados siempre que la manada se siente amenazada. Y nos arriesgamos a ser expulsados de ella si no nos atenemos a alguna de sus cínicas perspectivas. La expulsión es una amenaza a la supervivencia

76

para el mamífero que llevamos dentro. A fin de aliviar la amenaza para la supervivencia y mantener nuestra oxitocina, parece necesario asumir las ideas más recientes de la manada cínica. Podemos justificar nuestro cinismo con datos y «principios». Todo parece real cuando estamos rodeados por personas que se centran en los mismos datos y principios. Nadie les imagina siendo cínicos sólo por disfrutar de la seguridad de la manada. Pero la confianza social es difícil de desarrollar, por lo que cualquier cosa que haga segregar oxitocina resulta atractiva.

LA NECESIDAD DE APEGO DEL MAMÍFERO

Los reptiles sólo segregan oxitocina durante el acto sexual, lo cual les motiva a tolerar la proximidad física de otro reptil momentáneamente. El resto del tiempo, sin el poder calmante de la oxitocina, no pueden soportar estar junto a otros. Abandonan el hogar en cuanto nacen, y si no lo hacen rápidamente alguno de sus progenitores se los come en lugar de dejar que algún depredador aproveche su energía. La mayoría de los reptiles pequeños mueren antes de reproducirse, pero la especie sobrevive porque los padres tienen crías en grandes cantidades.

Los mamíferos no hacen eso. Un recién nacido de sangre caliente es tan difícil de dar a luz que la madre mamífera sólo tiene unos pocos durante toda su vida. Sus genes se aniquilan si los depredadores se comen a esas pocas crías. Nosotros no descendemos de individuos cuyos genes fueron aniquilados, sino de individuos que encontraron un modo de proteger constantemente a sus crías. La oxitocina estimula esta protección. Los cerebros que producen mucha oxitocina tienen tasas de supervivencia superiores, y la selección natural dio lugar a un cerebro que segrega mucha.

El parto comienza con una enorme secreción de oxitocina. El feto la recibe a través de la sangre, por lo que nacemos con un alto nivel de oxitocina. Nacemos listos para confiar, con madres preparadas para confiar en nosotros. Pero esa secreción pronto se metaboliza y tenemos que hacer más cosas para obtener más. Las madres mamíferas lamen o abrazan a sus crías, y eso estimula esta sustancia química en ambas partes.

Los humanos complican la sensación de la oxitocina con palabras como «amor», «compasión» y «empatía», pero podemos echar un vistazo más práctico. Se tardan veintidós meses para gestar a un bebé elefante. Un león puede matarlo en un segundo. Un elefante sólo no puede proteger a un bebé, pero sí puede un círculo de adultos. Los elefantes desaparecerían como especie si no mantuvieran grupos que están listos para rodear a sus pequeños amenazados. La vigilancia eterna es el precio de la supervivencia en el estado de naturaleza, y la oxitocina permite sentirse bien con la vigilancia. Una madre mamífera tiene una sensación positiva cuando su hijo está cerca, y su cría la tiene cuando su madre está cerca. Todos los miembros de la manada disfrutan de la oxitocina cuando están juntos.

Dicho esto, los mamíferos no pueden pasarse todo el tiempo abrazados. Una madre mamífera debe obtener una cantidad enorme de alimento para producir leche, de forma que pueda mantener a su cría. Un mamífero joven necesita explorar para desarrollar su cerebro. Los mamíferos a menudo se separan y su oxitocina disminuye cuando esto ocurre. Las malas sensaciones les motivan a renovar el contacto. La naturaleza recíproca del apego es la clave. Una cría de mamífero busca a su madre y ésta busca a su cría, y eso mejora la probabilidad de supervivencia. Un mamífero joven que pierde a su madre suele morir, a pesar de todas las bonitas historias de adopción de animales que corren. El apego es una cuestión de vida o muerte, y la oxitocina hace que se perciba como algo bueno.

Oxitocina y relajación

Tal vez hayas oído que la oxitocina es la sustancia química que genera las contracciones del parto y que desencadena la producción de leche materna. Otra función es la de relajar a un mamífero en presencia de otros. Relajarse con cualquiera no promueve la supervivencia, por lo que el cerebro del mamífero discrimina en lo relativo a cuándo liberar oxitocina. Responde a los olores, las visiones y los sonidos asociados con experiencias pasadas con la oxitocina. Cuando no se segrega la sustancia química de la confianza, el mamífero no confía. Está alerta. La oxitocina no evolucionó para que los mamíferos confiaran constantemente, sino para hacer distinciones refinadas que promueven la supervivencia.

La oxitocina genera rutas neuronales que programan a un joven mamífero para que confíe en todo lo que experimenta mientras fluye por su organismo. De este modo, una cría transfiere sin esfuerzo el apego de su madre a todo lo que había a su alrededor cuando estaba con su madre. Se siente segura alejada de ella porque sus compañeros de manada también hacen que segregue oxitocina. La cría no puede comprender las amenazas que la rodean, pero aprende de la experiencia. Obtiene una mala sensación si se aleja demasiado, ya que aumenta el hambre y los niveles de oxitocina disminuyen. Una madre incluso puede morder a una cría que se aleja para desarrollar la asociación entre aislamiento y dolor.

El cerebro de un mamífero dice:
Confiar en cualquiera no promueve la secreción de oxitocina. El cerebro del mamífero ha evolucionado para hacer distinciones.

El apego a un grupo promueve la supervivencia porque una manada es un sistema ampliado de detección de depredadores. Todos estos ojos y oídos reducen el peligro en gran medida. Esto sólo funciona si el mamífero corre cuando sus compañeros de grupo corren. Los humanos tal vez pensemos: «No voy a correr hasta que vea al león yo mismo». Pero una gacela que hiciera eso no sobreviviría. Los individuos que respetan el juicio de quienes les rodean tienen más probabilidades de sobrevivir. Nosotros descendemos de ellos.

Seguir a la multitud también funciona para los depredadores. Los lobos, las hienas y los leones suelen cazar en grupo porque así consiguen más alimento. La vida en estos grupos puede ser frustrante porque los miembros más fuertes predominan a la hora de comer y de aparearse, pero los compañeros de manada también estimulan la oxitocina de los otros. La «hormona del vínculo» posibilita que los mamíferos violentos vivan juntos.

PASTOS MÁS VERDES

El apego tiene un precio. El mamífero a menudo debe elegir entre sus necesidades sociales y sus otras necesidades para la supervivencia. Imaginemos que una gacela hambrienta ve un delicioso terreno de hierba verde.

79

Se eleva su dopamina y quiere ir a por él. Pero el terreno verde está peligrosamente lejos del resto de la manada. Eso hace que segregue cortisol, por lo que mira a otro sitio. Ve un terreno verde más cercano, pero está lleno de compañeros de manada más grandes y más fuertes. La última vez que se acercó demasiado a ellos recibió una dolorosa patada. La idea de acercarse hace que segregue cortisol, por lo que mira a otro lugar. Ve un terreno de hierba marrón. No parece muy recompensante, así que segrega sólo un poco de dopamina. Antes de que la gacela comience a comer, analiza esta matriz de coste-beneficio. Por último, da un mordisco, pero la manada se desplaza y de nuevo tiene que analizar sus opciones.

Las variaciones en los niveles de dopamina, oxitocina y cortisol forman parte de la vida diaria de un mamífero. La gacela no espera tener una secreción elevada de dopamina/oxitocina en todo momento. No cree que algo vaya mal en el mundo cuando tiene que elegir. Simplemente piensa sobre el mejor paso que tiene que dar a continuación. El cerebro de un mamífero sigue anticipando las consecuencias neuroquímicas en una dirección u otra.

Los primates usan sus cerebros más grandes para sopesar más consecuencias. Pueden construir nuevos circuitos, lo que les permite acabar con antiguos apegos y formar otros nuevos. Los primates pueden dejar su grupo durante la pubertad y vincularse con un nuevo grupo. Pueden formar camarillas dentro de su grupo y cambiar de un grupo a otro. Desarrollan nuevas expectativas sobre los antiguos compañeros de grupo cuando las cosas cambian. Un primate construye circuitos de oxitocina durante la juventud, y sigue ajustándolos.

Los primates tienen una forma muy especial de estimular la oxitocina a través de la actividad que llamamos «aseo». Probablemente hayas visto imágenes de monos y simios quitándose los piojos los unos a los otros. Tal vez hayas pensado: «¿Por qué las personas no pueden ser tan agradables?». No queremos que nuestros vecinos nos quiten los piojos de nuestro cabello, pero deseamos tener la sensación de confianza mutua que el aseo parece representar. Sin embargo, la vida de un mono está cargada de difíciles decisiones sobre a quién asear. Sus expectativas de reciprocidad a veces se ven frustradas, por lo que terminan segregando cortisol en lugar de oxitocina. Afortunadamente, el cerebro del primate ha evolucionado para tomar decisiones de ese tipo.

80

Imagina un grupo de chimpancés hembra que buscan alimento y que descubren un árbol con una fruta deliciosa. Las de mayor estatus dirigen la acción en torno al árbol. Una hembra no encaja en este pequeño grupo y sabe que sus compañeras la morderán si se interpone en su camino. Encuentra un punto menos deseable de fruta con menos fruta y más peligro de hallar depredadores. Si se aleja demasiado del grupo, los chimpancés vecinos pueden atacarla o raptarla. Su cortisol se eleva cuando sobrepasa los límites de seguridad, por lo que vuelve a la comodidad de la oxitocina. A veces tiene hambre, pero sobrevive para comer mañana. Un día, toma la iniciativa para asear el pelo de las hembras que la excluyen. Poco a poco, puede ser aceptada en su círculo de confianza. Asear el pelo de las compañeras de grupo que amenazaron su supervivencia no es muy recompensante, pero anticipar su aceptación sí lo es. Las conductas que promueven la supervivencia, independientemente de lo que sean, se sienten como buenas gracias a la oxitocina y la dopamina.

Los primates a veces se sacan de quicio unos a otros. Cuando se desencadena esa sensación de hacer algo, el aseo les permite tener algo que hacer. Estimular la oxitocina ayuda a los primates a mantener la confianza social que necesitan, a pesar de las inevitables fricciones.

CONFIANZA Y TRAICIÓN

La proximidad física permite desarrollar confianza porque construye circuitos de oxitocina. Si estamos físicamente cerca de otro mamífero y no nos hace daño, lentamente se desarrolla una expectativa de confianza. (Piensa en cómo se vinculaban las compañeras de habitación en la universidad). Pero la confianza ante alguien poco apropiado es una amenaza para la supervivencia. A muchos chimpancés les faltan dedos de las manos o de los pies porque dejaron que se aproximara demasiado un simio inapropiado. Relajarse cuando un mono o un simio se aproxima para asear el pelo es un gran acto de confianza. La oxitocina se estimula por medio del tacto porque en el estado de naturaleza la confianza y el tacto vienen juntos.

Alguien que está próximo a nosotros puede hacernos daño más rápidamente que quien se encuentra a cierta distancia, lo que significa que la

81

búsqueda de oxitocina puede conllevar sufrir dolor. El cerebro de los mamíferos ha evolucionado de forma que evitan confiar en quienes no son dignos de ello. Su cerebro libera una gran cantidad de cortisol cuando se traiciona su confianza. Éste genera una nueva ruta que altera la de la oxitocina. De este modo, nos acordamos de cuando alguien cercano nos ha traicionado.

Los humanos definen la traición de formas abstractas. En el mundo animal todo es concreto. Por ejemplo, cuando los babuinos oyen la voz de alarma de uno de sus compañeros de aseo, normalmente acuden a defenderle. Arriesgan sus vidas defendiendo a sus aliados y esperan que éstos hagan lo mismo. Si el compañero de aseo no acude en tu defensa cuando lo llamas, la traición representa una amenaza para la vida. Se eleva nuestro cortisol y cambian las expectativas sobre ese individuo. Puede que dejes de arriesgar tu vida por él, y empiezas a asear a nuevos aliados. Así, los subidones y bajones neuroquímicos generan conductas que promueven la supervivencia de un babuino. No se necesitan teorías abstractas sobre la traición.

Los mamíferos siempre toman decisiones difíciles acerca de la confianza. Una leona puede que confíe en un león que se ha comido a sus cachorros. Una gacela puede confiar en la voz de alarma de compañeras de manada que dan falsas alarmas. Siempre están eligiendo entre la oxitocina de la confianza y el cortisol de las amenazas reales.

Imaginemos a un compañero de clase que hace un esfuerzo por tener confianza contigo y después espera copiar de ti durante un examen. Tal vez te sientas traicionado. Todos pueden sentirse traicionados. Desarrollamos expectativas sobre nuestras alianzas sociales, pero los demás no siempre cumplen nuestras expectativas. Todos los cerebros aprenden de la experiencia. Queremos confiar porque nos sentimos bien y nos ayuda a cubrir nuestras necesidades de supervivencia. Pero queremos evitar la confianza traicionada porque dispara nuestra alarma de amenaza interna. La decisión de invertir en una alianza social no es fácil. Después de unas cuantas decepciones, puede que digamos: «¿En quién podemos confiar actualmente?». No es de extrañar que el hábito del cinismo sea fácil de iniciar y difícil de detener.

Confianza temporal frente a confianza a largo plazo

La gente se sorprende de verse confiando en un extraño mientras se encuentran en un avión. Nuestras expectativas son bajas, por lo que hay un riesgo menor de sentirnos traicionados. Podemos acabar disfrutando de un estupendo flujo de oxitocina. Cuando termina el vuelo, puede que no veamos de nuevo a esa persona. Nuestro cerebro buscará otras formas de estimular la oxitocina.

Los momentos aislados de confianza no protegen a un mamífero del hecho de desarrollar confianza a largo plazo. Por ejemplo, el sexo (del que hablaré con mucho más detalle en este mismo capítulo) hace segregar mucha oxitocina. Es una cantidad enorme de confianza para una pequeña cantidad de tiempo. La oxitocina se metaboliza pronto y las buenas sensaciones desaparecen, a no ser que la volvamos a generar. Nuestro cerebro prefiere las alianzas que están siempre disponibles. Pero eso puede conllevar conflictos y limitaciones, por lo que el cerebro sigue buscando formas de obtener oxitocina sin cortisol.

La asistencia a conciertos y eventos deportivos hace segregar oxitocina. Nos vemos rodeados de miles de personas que están allí para experimentar lo mismo que nosotros. Confiamos en ellos lo suficiente como para actuar siguiendo nuestros impulsos durante el concierto o el partido. El vínculo se percibe como real porque tenemos que reprimir en gran medida nuestros impulsos en la vida cotidiana. Pero, cuando el concierto ha terminado, las personas de la multitud no nos ayudarán a sobrevivir. El agradable sentimiento de manada liberó sólo una pizca de oxitocina. A nuestro cerebro le gustaría tener ese sentimiento todo el tiempo, pero no le gustan las frustraciones de la vida en una gran manada. Por tanto, en nuestra búsqueda de procedimientos seguros para disfrutar de la oxitocina, el apego a grandes grupos de extraños puede resultar tentador. El cinismo es una forma de disfrutar de la buena sensación de la seguridad mientras permanecemos en grupos.

Cuando discutimos sobre «la crisis de nuestra época», sentimos que formamos parte de una enorme alianza social, ya sea que dirijamos la discusión por Internet, en persona o sólo mentalmente. No es de extrañar que las nuevas tecnologías se utilicen tan rápidamente de forma que construyen grupos virtuales. Nos ayudan a obtener oxitocina sin las obligaciones que comportan los vínculos de confianza privados. La gente sabe que puedes decepcionarla, pero aquellos con quienes compartimos confianza siempre parecen estar disponibles.

El cinismo es una forma cómoda de conseguir aceptación en una red de confianza enorme. Cuando maldecimos a «esta época terrible» o a «este sistema terrible», la manada puede reconocerte como uno de ellos. No buscamos conscientemente la seguridad en los grandes grupos. Nuestro cerebro verbal ordena las pruebas fuertes para nuestras conclusiones, lo cual mantiene ocupado a nuestro cerebro consciente mientras disfrutamos de la oxitocina.

¿A QUIÉN LLAMAMOS ANIMAL GREGARIO?

Un mamífero que mantiene la cabeza alta mientras el resto de la manda la mantiene baja se expone a un riesgo de supervivencia real. La selección natural ha construido un cerebro que sabe cuándo mantener la cabeza baja. Tal vez nos moleste la conducta gregaria en los demás, sin reconocer que también nosotros somos mamíferos.

Una vez que una manada concreta te ayuda a sentirte seguro, cualquier amenaza percibida en relación con esa manada se siente como una amenaza para nosotros mismos. Incluso las amenazas distantes para nuestra alianza social pueden hacernos segregar picos de cortisol que nos cogen por sorpresa.

· ·

El cerebro de un mamífero dice:
Un mamífero que mantiene la cabeza alta mientras el resto de la manada la mantiene baja se expone a un riesgo de supervivencia real. La selección natural ha construido un cerebro que permite saber cuándo mantener la cabeza baja.

· ·

Durante la mayor parte de la historia del hombre, era tan peligroso apartarse del círculo de confianza que la gente permanecía dentro de él, a pesar de conflictos internos que nos horrorizarían actualmente. Por ejemplo, los humanos, durante toda su historia, han tolerado la violencia física y la

84

mutilación corporal a manos de compañeros de grupo porque así se sentían mucho más seguros que ante el pensamiento de abandonar el grupo. El mundo ahora es suficientemente seguro para que cojamos el próximo autobús que nos aparte de la ciudad y nos vinculemos con algún otro lugar. Pero eso no siempre se percibe tan bien como podríamos esperar. Los nuevos circuitos de oxitocina no se desarrollan tan fácilmente durante la edad adulta como lo hacían cuando teníamos la mielina alta y nuestra capacidad de cubrir nuestras propias necesidades era baja. La nueva comunidad de confianza que buscamos tal vez no aparezca. Incluso cuando logramos desarrollar nuevos vínculos de confianza, surgen conflictos. Nuestras expectativas se frustran y nos sentimos traicionados. Es posible que pensemos en coger el siguiente autobús que salga de la estación porque se encuentra dentro del ámbito de nuestra experiencia.

Los mamíferos han evolucionado para desarrollar un apego social durante su juventud. En el mundo actual a menudo rompemos nuestros primeros vínculos y esperamos construir otros nuevos. Pero los nuevos circuitos de oxitocina son más frágiles que los desarrollados mediante el contacto continuo durante los mejores años para la mielina. No siempre podemos sustituir la vieja manada por una nueva. Por eso, a menudo acabamos sintiéndonos amenazados como un animal sin manada. Nuestro cerebro verbal da sentido a esta sensación concluyendo que algo va mal en el mundo.

Las cosas que aumentan la oxitocina se prefieren principalmente por esta razón. Algo tan trivial como quitar las pulgas del pelo de otro primate parece importante porque la oxitocina hace que el mundo se perciba como algo bueno. El mundo actual nos ofrece un amplio rango de cosas que aumentan la oxitocina. Los gustos compartidos en la música, la comida y los deportes son ejemplos muy conocidos. Discutir los detalles de intereses compartidos hace segregar un poco de oxitocina, y cuando se metaboliza podemos discutir más esos detalles. Los buscadores de rocas hablan con otros buscadores de rocas, y los geólogos hablan con los geólogos. La conexión social dice a nuestro cerebro que estamos promoviendo nuestra supervivencia, aunque no haya ninguna tarea de supervivencia inmediata en nuestra agenda.

Discutir de política es otra forma de desarrollar confianza. Los temas políticos tienen relación con la profunda necesidad que tienen los mamíferos de protegerse de las amenazas. La experiencia de la vida nos lleva a distintas explicaciones sobre cómo evitar el daño, pero sean cuales fueren nuestras convicciones políticas, confiamos más fácilmente en quienes las comparten. Esa confianza ayuda a construir alianzas más fácilmente, lo cual se percibe como un gran estímulo para la supervivencia. En un mundo de alianzas sociales efímeras, la política es una forma cómoda de estimular la oxitocina.

En el estado de naturaleza, los mamíferos con alianzas sociales más fuertes acaban teniendo más territorio, más comida y más crías que sobreviven. En el mundo actual, las fuertes alianzas sociales promueven la supervivencia de muchas maneras. Pueden ayudarnos a conseguir un trabajo, una cita, o evitar algún problema. El cerebro nos recompensa con una buena sensación cuando hacemos cosas que fortalecen los vínculos sociales porque promueven nuestra supervivencia.

¿Separarse de la manada?

Una vez que disfrutamos de la buena sensación de la comunidad, todo contratiempo dentro de ella puede parecer una amenaza para la supervivencia. El individuo que no se desplaza cuando lo hace la manada puede parecer una amenaza para la supervivencia. A veces esa persona eres tú. Tu distanciamiento es probable que atraiga a depredadores que amenacen a todo el grupo. Los mamíferos nos arriesgamos a ser excluidos de la manada si no seguimos la corriente. Este riesgo es urgente desde la perspectiva del cerebro de un mamífero, por lo que normalmente se hace lo que se necesita para mantener el vínculo. Te dices a ti mismo que lo hiciste por tus propias razones en lugar de reconocer tus urgencias propias de mamífero para mantener tu oxitocina.

Impulsos de la manada

Los animales distinguen claramente entre quienes pertenecen a su grupo y quienes son ajenos a él. El olor de un compañero de grupo estimula la secreción de oxitocina, mientras que el de animales externos no. Si un animal se aproxima a un grupo al que no pertenece, es probable que sea atacado porque los circuitos cerebrales de los otros animales definen al extraño como una amenaza. (Esa acción de defensa protege a las crías del grupo del riesgo de que haya demasiados animales alimentándose del mis-

86

mo pasto). Un animal puede ser matado por sus propios compañeros de grupo a menos que comunique su pertenencia a él rápidamente. Todas las especies poseen olores, marcas y sonidos que las identifican. Por ejemplo, algunas gacelas tienen una franja negra en su trasero, otras, una franja blanca, algunas, dos franjas blancas, otras, una negra y otra blanca. Estas diferencias son fácilmente visibles cuando una gacela sigue a otra. Los grupos humanos también desarrollan procedimientos rápidos para comunicar su estatus de pertenencia al grupo. Estos procedimientos pueden ser serios o absurdos, pero el mensaje es claro de todas formas. En la comedia de televisión *Portlandia*, por ejemplo, a los recién llegados se les dice qué pendientes son adecuados para Portland, y cuáles le definirían como extraño.

Los seres humanos se esfuerzan por reprimir sus impulsos gregarios incluso cuando caen en ellos. Las personas que dicen que aman a toda la humanidad tienden a formar grupos exclusivos con otros que proclaman su amor a toda la humanidad. Algunas personas expresan desdén por los grupos y después se unen a otras que también expresan ese desdén. Algunas personas dicen: «Somos malos» y sólo confían en quienes dicen: «somos malos». El deseo de formar círculos de confianza es generalizado en los humanos, aunque pueda expresarse de muchas formas distintas.

Los mamíferos con cerebros pequeños hacen distinciones muy simples entre los pertenecientes al grupo y los extraños. Los primates complican las cosas con sus neuronas adicionales. Un grupo de primates tiene muchos grupos cuya membresía es fluida, y cada primate se esfuerza continuamente por formar alianzas que promuevan su propia supervivencia. A consecuencia de esto, los grupos antiguos se separan y se forman nuevos grupos. Un primate puede sentirse amenazado por sus antiguos compañeros, pero ese individuo sobrevive y tal vez prospere porque mantiene nuevos aliados de aseo personal, además de otros antiguos.

Los humanos también se preocupan por formar grupos. A menudo nos sentimos amenazados por la formación de grupos por parte de otros. Aunque sepamos que no nos morderán y golpearán, nuestro cerebro de mamífero percibe un riesgo. Cuando otro grupo se fortalece, nos arriesgamos a perder recursos ante sus miembros. Nuestras sustancias químicas propias de la amenaza empiezan a fluir. Conscientemente, sabemos que podemos sobrevivir sin formar un grupo, pero hemos heredado un cerebro que equipara el aislamiento con la muerte.

El cerebro de un mamífero dice:

Cuando otro grupo se fortalece, nos arriesgamos a perder recursos sus miembros. Nuestras sustancias químicas propias de la amenaza empiezan a fluir. Conscientemente, sabemos que podemos sobrevivir sin formar un grupo, pero hemos heredado un cerebro que equipara el aislamiento con la muerte.

ENEMIGOS COMUNES

Los grupos de mamíferos se hacen más fuertes cuando hay una amenaza común. Los beneficios de seguir juntos los motivan a tolerar los conflictos internos. Los leones siguen juntos a pesar de sus peleas por la comida porque las hienas roban la de los leones solitarios. Los babuinos siguen al lado de los compañeros de grupo que les muerden por una baya porque son vulnerables a los leopardos cuando están solos. Los chimpancés siguen juntos a pesar de su frecuente hostigamiento porque los individuos vecinos pueden matarlos si están solos (excepto las hembras fértiles, que son adoptadas). Los lobos y los suricatos siguen juntos, aunque sus líderes les impidan tener oportunidad de aparearse, porque los lobos necesitan un grupo para cazar con éxito y los suricatos, un grupo para evitar a los depredadores. Los elefantes hembra siguen al lado de matriarcas controladoras porque no pueden proteger a sus crías ellas solas.

El estilo de cooperación de los mamíferos se define con estas palabras en la novela de León Uris, de 1960, *El peregrino*: «Antes de los nueve años, yo había aprendido las reglas básicas de […] la vida. Era yo contra mi hermano; yo y mi hermano contra mi padre; mi familia contra mis primos y el clan; el clan contra la tribu; la tribu contra el mundo, y todos nosotros contra el infiel».

Los enemigos comunes son el pegamento que vincula a un grupo de mamíferos. En el grupo se sienten bien porque sin él la vida no es segura. Los mamíferos toleran el dolor producido por sus compañeros de grupo porque anticipan un dolor peor fuera de él.

Un estudio basado en crías de rata proporcionó inquietantes pruebas de esta tolerancia al dolor en el interior del grupo. Las crías del estudio toleraban leves descargas eléctricas a cambio de permanecer junto con sus

88

madres. Los investigadores presentaban a dichas crías un sonido de aviso antes de la descarga. Si la madre no estaba presente, la cría aprendía a escapar fácilmente de la descarga cuando oía el sonido. Pero, cuando la madre estaba presente junto con la descarga, las crías a no lo aprendían. Los investigadores confirmaron que, desde un punto de vista neuroquímico, los cerebros de las crías bloqueaban el aprendizaje para evitar vincular a sus madres con el dolor. Una asociación de esa clase no promovería la supervivencia.

Tal vez conozcas a personas que toleran las crueldades de quienes se sienten cercanos. Una persona puede permanecer al lado de un aliado cruel si espera que el mundo sea peor sin el torturador. Ignoran el daño que experimentan porque tienen fuertes expectativas de daño externo.

La literatura está llena de historias de personas que continuaron con su grupo a pesar de sufrir. Desde *Romeo y Julieta* hasta *Titanic*, conocemos a amantes que sufren porque sus compañeros de grupo no aprueban la relación. Cuando oigo ese tipo de historias, pienso: «Limítate a trasladarte al pueblo más cercano». Pero nunca lo hacen. Abandonar los antiguos vínculos y confiar en otros nuevos se ha hecho rara vez durante gran parte de la historia humana. Actualmente esperamos que nuestros hijos de cinco años desarrollen nuevos vínculos cuando los enviamos a la guardería. Se trata de un acontecimiento relativamente nuevo, que nos ayuda a entender por qué elegir una mesa en la cafetería hace segregar tanto cortisol.

Los grupos humanos se han unido en contra de los enemigos comunes desde el principio de los tiempos. Actualmente nos vinculamos en torno a enemigos comunes más de lo que somos conscientes. El departamento de ventas se une en torno a la hostilidad compartida hacia el de marketing, y éste se une en torno a su mutua desconfianza hacia los encargados de ventas, pero todos se unen contra el competidor de la compañía. Los profesores de literatura clásica se unen en torno a la hostilidad compartida hacia los representantes de la moderna, pero todos se unen para enfrentarse a la administración. Los segundos violines comparten su antipatía hacia los primeros, y los primeros ,sus sentimientos sobre las segundas violas, pero presentan un frente unido contra los instrumentos de viento de madera, los cuales se unen contra las trompas. Los mamíferos se vinculan a la vista de amenazas comunes.

Cuando aumenta el cortisol, a menudo culpamos a los enemigos comunes. No sabemos lo que disparó nuestro cortisol durante gran parte del tiempo, y culpar a un enemigo externo ayuda a aliviar el sentimiento de hacer algo sin causar fricciones dentro del propio grupo. Cuando señalamos a los extraños como la fuente de nuestro dolor, estimulamos el placer de la confianza dentro del grupo. No es de extrañar que muchos grupos se unan y digan: «¡Sufrimos a causa de ellos!».

Confianza retirada

Si no aceptas las hostilidades compartidas de tus compañeros de grupo, ellos de repente pueden retirarte su confianza. Incluso pueden considerarte un enemigo. Cuando tus aliados sociales dicen: «Nos vamos al infierno por culpa de esos idiotas», tienes que mostrar tu acuerdo o no comerás de su misma hierba. Si te atreves a desafiar la cosmovisión del grupo quizá sientas el repentino terror de una gacela abandonada en la sabana, o de un babuino atacado por una coalición de compañeros de grupo. Podemos acatar la enemistad que une al grupo porque las alternativas son poco seguras.

Cuando los otros hacen esto es fácil de ver, pero es más difícil observarlo en nosotros mismos. Es posible que pensemos que estamos demasiado evolucionados para sentir enemistad. Los mamíferos con cerebros más pequeños tienen los mismos enemigos comunes durante generaciones. Nacen con circuitos que les ayudan a distinguir a los chicos buenos de los malos, tal como hacían sus antepasados. Los mamíferos con cerebros más grandes van teniendo nuevos enemigos comunes a medida que cambia su vida. Puede que odies ver a otros unirse contra enemigos comunes. Pero, si observas cuidadosamente tus interacciones con quienes confías, pronto podrás identificar al enemigo común. Los mamíferos son hábiles para las acciones grupales cuando están unidos por un sentimiento compartido de amenaza.

. . . .

El cerebro de un mamífero dice:
Puede que odies ver a otros unirse contra enemigos comunes. Pero, si observas cuidadosamente tus interacciones con quienes confías, pronto podrás identificar al enemigo común.
. . . .

90

La confusión de la solidaridad social

La solidaridad social parece tan buena que genera respuestas confusas. Un ejemplo conmovedor es la experiencia de J.G. Ballard en un campo de concentración japonés, en Shanghái, durante la Segunda Guerra Mundial. Ballard relató cariñosos recuerdos del campo en una entrevista para la televisión. Su familia estuvo siempre junta, explicó, y tenía buena relación con sus vecinos. Sabía que la experiencia era dolorosa para sus padres y se sentía mal por ellos, pero para él era buena. Describe una historia muy distinta en su novela *El imperio del sol*, que Steven Spielberg convirtió en película. Su yo en la ficción protege heroicamente a su familia y sus amigos de los horrores de la vida en el campo. La película me aterró, por lo que me sorprendió oír a Ballard decir que le gustaba la vida en el campo porque su padre estaba en casa todo el día. Fue un gran recordatorio del poder de la oxitocina.

Los rusos que vivieron durante la época comunista informan de experiencias similares. El sentido de destino compartido aliviaba el dolor de la opresión política y de las dificultades físicas. Los vínculos sociales prosperaban a pesar de las enormes restricciones. La gente no se podía reunir para comer porque no había comida suficiente. No se podían reunir para conversar porque la policía secreta estaba por todas partes. Una cosa que se podía hacer era contar chistes, por lo que estos pequeños mensajes permitían desarrollar grandes vínculos. Los chistes conllevaban peligro, lo que estimulaba el sentimiento de pertenencia al grupo. Por supuesto, el conflicto dentro del grupo era muy frecuente porque muchas familias compartían cocinas y cuartos de baño muy primarios. Pero la sensación de amenaza común lo transcendía todo. Cuando el comunismo cayó, el enemigo común se desvaneció. Las frustraciones podían expresarse abiertamente en lugar de tener que ocultarse en los sutiles rituales de vínculo de los chistes. Y así la gente perdió el bálsamo químico que aliviaba las tensiones de la vida cotidiana. El resultado fue tanto dolor que muchas personas empezaron a idealizar los viejos días de la opresión. La solidaridad se siente como algo tan bueno que puede distraer al cerebro de un mamífero de las amenazas reales.

El cinismo es una forma de rodearnos de personas que comparten nuestra sensación de amenaza. Las bromas sobre el mal estado del mundo crean agradables sentimientos de confianza. Nos sentimos seguros con otros cínicos, y ellos se sienten seguros con nosotros. La oxitocina se metaboliza pronto, pero siempre podemos segregar más con más bromas sobre nuestro sufrimiento compartido en las manos de «los idiotas del poder». Todo subidón de oxitocina origina rutas neuronales que desarrollan vínculos grupales. Renovar la sensación de amenaza fortalece esos circuitos. Pero el cerebro se habitúa a las antiguas amenazas, por lo que necesitamos seguir aumentando lo horrible de nuestro adversario para mantener la oxitocina en acción. Tal vez observemos que otras personas hacen esto. Pero, cuando nosotros y nuestro grupo lo hacemos, parece como si estuviéramos diciendo la verdad.

A veces podemos sentir simpatía hacia la perspectiva de nuestros adversarios, pero diciendo que es probable tener una mala reacción de nuestros compañeros de grupo. La pérdida de oxitocina hace difícil transcender el cinismo. Perder nuestra manada nos supone conllevar tanta inseguridad que tolerar una manada cínica parece algo seguro en comparación. Cuando no obtenemos nuestra oxitocina parece que algo va mal en el mundo.

SEXO Y SOLIDARIDAD

El sexo dispara una gran cantidad de oxitocina. Y puesto que su aumento nos programa para querer más de aquello que la causó, no es de extrañar que los mamíferos se concentren tanto en el sexo.

En el estado de naturaleza, las oportunidades de aparearnos no son tan abundantes como podríamos pensar. De hecho, el apareamiento está muy limitado en los grupos animales. Cuando nacen demasiadas crías muchas de ellas perecen, por lo que las conductas de apareamiento han evolucionado para mejorar las perspectivas de supervivencia de los más jóvenes. La oportunidad de aparearse suele estar vinculada con la fuerza porque eso promueve la supervivencia. La fuerza suele surgir de la solidaridad social, por lo que la oportunidad de aparearse suele basarse en alianzas sociales. Los individuos con fuertes vínculos sociales tienden a conseguir más alimentos y a evitar mejor a los depredadores. Sobrevive un porcentaje mayor de sus crías, lo cual les convierte en compañeros preferidos. Ganar la confianza de un grupo sólido es una conocida estrategia reproductiva en los mamíferos. Esto puede ser difícil de hacer, pero los cerebros que lo consiguen se reproducen.

Hay variantes masculinas y femeninas sobre este tema, y ambas son testimonio del poder de los motivadores neuroquímicos. Los chimpancés macho consiguen oportunidades de aparearse desarrollando vínculos sociales con otros machos. Les hace tener más carne, lo que atrae a las hembras y permite tener más fuerza. Los chimpancés macho dominantes alejan a sus rivales de las hembras fértiles, pero hacen excepciones con sus aliados. Si un chimpancé macho corteja a una hembra directamente, los machos más dominantes se interpondrán. Las hembras suelen preferir a los machos dominantes, por lo que vincularse con la estructura de poder de los machos es la forma de atraer la atención de un chimpancé hembra.

Las hembras con vínculos sociales más fuertes tienden a tener más crías que sobreviven. Las hembras pasan mucho tiempo buscando alimento porque necesitan mucha comida para mantener su estado casi continuo de embarazo y lactancia. Dicha búsqueda expone a los más jóvenes a los depredadores, por lo que los vínculos con cuidadores de confianza promueven la supervivencia. Vincularse con machos y con otras hembras ayuda a una madre chimpancé a mantener vivos a sus hijos. Sin embargo, toma decisiones cuidadosas sobre en quién confiar, porque algunos chimpancés (incluso hembras) son agresivos con las crías.

Los humanos utilizamos las alianzas sociales para mejorar el éxito reproductivo de muchas formas distintas. Probablemente podamos pensar muchos ejemplos, tanto de nuestra propia vida como durante la historia.

Las amenazas para nuestro éxito reproductivo (independientemente de cómo las definamos) causan la segregación de grandes cantidades de cortisol. Un claro ejemplo de esto es el dicho «todos los buenos ya están cogidos». A los problemas para encontrar pareja a menudo se culpa a nuestro tiempo o a nuestra sociedad, a pesar del hecho de que los mamíferos siempre han luchado por tener una oportunidad para reproducirse. Éstos siempre se han preocupado por las amenazas hacia sus crías. Continuamente han vivido decepciones en el camino hacia el éxito reproductivo. Cuando culpamos a nuestra sociedad, desarrollamos vínculos sociales y la oxitocina alivia el dolor. Pero nos seguimos quedando con la sensación de que algo va mal en el mundo.

Quedarse en la manada no es fácil. Cuando vemos a una manada moverse, olvidamos que todos los cerebros de sus miembros eligen cada paso individualmente. Pensemos en un ñu que se encuentra en la orilla de un río mientras la manada lo está cruzando. Cuando elige el momento para sumergirse, las amenazas lo atemorizan. Se lo comerá un cocodrilo si entra antes que los demás, pero quedarse atrás también conlleva riesgos en relación con los depredadores. Por ello, intenta saltar al mismo tiempo que los otros, aunque eso aumenta el riesgo de recibir una patada o un cabezazo. Mientras espera que los demás entren en el agua, el resto de la manada se apiña detrás de él. Lo peor sería quedarse atrás, así que se apresura a saltar al río. Seguir a la manada es una tarea difícil cuando parece que los animales sólo se dedican a seguir adelante.

Nuestro cerebro siempre sopesa las amenazas y las oportunidades que nos rodean. Cuando vemos a otros ir en una dirección, evaluamos las recompensas y las amenazas. Pensamos en las alternativas y sopesamos también sus recompensas y sus amenazas. Esperamos tener un camino perfecto, con todas las recompensas y ninguna amenaza. Cuando no vemos ninguna tal vez pensemos que algo va mal en el mundo.

Afortunadamente, hay otra sustancia química de la felicidad para ayudarnos a sentir bien. Se trata de la serotonina, que explicaremos en el capítulo siguiente.

94

Resumen científico

La oxitocina genera la buena sensación propia de la confianza social, pero un bajón de sus niveles se siente como algo tan malo que la gente intenta estimular su secreción de formas sorprendentes en algunas ocasiones.

- El cerebro de los mamíferos ha evolucionado para buscar la seguridad en los grupos. A los humanos nos gusta nuestra independencia, por supuesto. Odiamos ser «uno más de la manada». Pero nuestro cerebro de mamífero considera al aislamiento una amenaza para la supervivencia. El resultado es un dilema constante: una mala sensación con la manada y una mala sensación sin ella.

- La oxitocina genera rutas neuronales que programan a un mamífero joven para que confíe en todo lo que experimenta mientras fluye por el organismo. De este modo, una cría transfiere el apego de su madre a todo lo que hay mientras está con ella. Se siente segura alejada del lado de su madre porque sus compañeros de manada disparan su oxitocina en lugar de hacerlo ella.

- El mamífero a menudo tiene que elegir entre sus necesidades sociales y otras relacionadas con la supervivencia, por lo que los cambios difíciles entre la dopamina, la oxitocina y el cortisol forman parte de la vida cotidiana del mamífero.

- Alguien que está cercano a nosotros puede hacernos daño antes que quien se encuentra alejado, lo que significa que la búsqueda de la oxitocina puede llevarnos a sufrir daños. El cerebro de los mamíferos ha evolucionado para evitar confiar en quienes no son dignos de ello. El cortisol genera nuevas rutas que alteran las de la oxitocina. Por eso recordamos cuándo alguien cercano nos traiciona.

- Los grupos de mamíferos se hacen más sólidos cuando hay una amenaza común. Los beneficios de permanecer juntos

95

motivan al mamífero a tolerar duros conflictos internos. Los enemigos comunes son el pegamento que mantiene unido a un grupo de mamíferos. El grupo se siente seguro porque la vida sin él resulta insegura. Los mamíferos toleran el dolor sufrido dentro del grupo porque anticipan un dolor peor sin él.

• Abandonar el grupo se percibe como una amenaza para la supervivencia, por parte del cerebro del mamífero. Si no seguimos a nuestro grupo cuando se traslada, la oxitocina disminuye y empezamos a sentirnos amenazados.

• Un cerebro que se preocupa por la reproducción lo hace también por las alianzas sociales. No se necesita una intención consciente. En un cerebro construido por selección natural, la solidaridad social y el éxito reproductivo tienden a ir juntos. Podemos pensar en formas en que la gente en que confiamos utiliza las alianzas sociales para mejorar su éxito reproductivo. También podemos pensar en ejemplos entre las personas de las que desconfiamos. Durante toda la historia humana, el sexo y las alianzas sociales han ido de la mano de diversas formas.

• El cinismo puede estimular la oxitocina creando la sensación de que «todos estamos juntos en este embrollo».

• En el mundo actual, a menudo abandonamos los vínculos de confianza que mielinizamos en la juventud. Esperamos construir nuevos vínculos, pero normalmente descubrimos que es más difícil de lo que esperábamos. Esto nos deja ansiando potenciadores alternativos de la oxitocina, como por ejemplo la confianza temporal o los grupos virtuales. El cinismo ayuda a establecer ese tipo de vínculos.

96

CAPÍTULO 5

LA POSITIVIDAD DE PROGRESAR

Por qué la superioridad nos parece satisfactoria.

El concepto de superioridad les parece algo horrible a los humanos actuales, pero los animales se aprovechan de sus compañeros de grupo siempre que pueden. Se libera serotonina cuando prevalecen. La serotonina no conlleva agresividad, sino que es la sensación agradable y tranquila que consiste en estar seguro al actuar siguiendo nuestros impulsos. Sin embargo, la buena sensación se metaboliza rápidamente, por lo que el cerebro del mamífero pronto busca una forma de obtener otra ventaja. La serotonina genera una ruta neuronal que le ayuda a averiguar cómo estimular una mayor cantidad de la buena sensación en el futuro. Los cerebros que han recompensado la dominación social con una buena sensación han logrado hacer más copias de sí mismos, por lo que la selección natural construye un cerebro que busca la dominación social.

Los humanos deseamos encontrar formas de segregar serotonina sin que haya conflictos. Eso es difícil de conseguir, por lo que se valora cualquier cosa que estimule la serotonina. El cinismo es un impulsor seguro y cómodo de ésta. Cuando menospreciamos a los peces gordos, disfrutamos de la sensación de encontrarnos por encima de ellos. Mirar con desdén a los idiotas del poder dispara una sensación de dominación social. Podemos sentirnos bien durante unos momentos, y después la serotonina se metaboliza.

«No quiero ser superior», puede que digas. Pero, cuando vemos a otros ponerse delante, nos molesta. Nuestro cerebro de mamífero siempre está comparando nuestra posición con la de otros, y quedarse atrás se percibe como una amenaza. Cuando disminuye la serotonina, sentimos que algo va mal en el mundo, aunque estemos seguros de que no nos preocupamos por tener ventaja. Para nuestro mamífero interno, una posición inferior es una amenaza para la supervivencia. Permite evitar esa amenaza como si nuestra vida dependiera de ello porque en el estado de naturaleza es así. Buscar una posición superior promueve la supervivencia de los genes del mamífero.

«¿Por qué no podemos ser todos iguales?», puede que te preguntes. La igualdad es una abstracción y el cerebro mamífero no hace abstracciones. Se concentra en lo concreto. Si ve un plátano, lo quiere. Si ve a un mono más grande y más fuerte cerca del plátano, quiere evitar el dolor. El cerebro siempre está sopesando el dolor y los beneficios esperados. Busca la ventaja de formas que han funcionado previamente.

«No quiero el plátano, –tal vez digas–. Quiero que lo tenga el menos afortunado». Decir eso nos concede una posición superior en una vida en la que ya tenemos suficientes plátanos. Si vivimos entre personas que respetan las cosas compartidas, aprendemos a obtener recompensas sociales con el hecho de compartir. Insistir en que no nos preocupan nuestras propias necesidades produce una sensación de superioridad.

Cuando un mamífero se aproxima a un individuo más débil, muestra señales de dominación compartidas por los miembros de esa especie. El individuo más débil responde con señales de sumisión que también son entendidas. Así es como los animales sociales evitan los conflictos. El individuo más débil se protege de la agresión expresando su ausencia de deseo de competir. La serotonina del individuo dominante se eleva cuando consigue respeto de esta manera. Si su muestra de dominación no se ve recompensada por un gesto de dominación, su serotonina disminuye y se altera.

Los humanos trabajan duramente para reprimir el deseo de dominar. Por eso nos sentimos tan amenazados cuando pensamos que otros reciben recompensas por dominar. Luchamos por la justicia, pero ningún individuo es un buen juez de la justicia. Todos los cerebros la ven a través de la lente de su propia neuroquímica. Cuando carecemos de una sensación de importancia social, parece que algo va mal en el mundo. Buscamos formas de sentirnos mejor, pero es difícil averiguar lo que funciona. A veces el cinismo funciona.

Todos experimentamos la dominación social con circuitos construidos en nuestro pasado. Cualquier cosa que estimulara nuestra serotonina en nuestra juventud construía superautopistas que configuran nuestras expectativas sobre cómo sentirnos ahora.

Aprendimos conductas que conllevan ganar respeto en el ámbito en que vivimos, y a evitar las que conllevan perder respeto. A veces veíamos a ciertas personas buscar una posición dominante y disfrutar de ella. A veces veíamos a otras personas perder la dominación social y sufrir por ello. Nuestras neuronas espejo almacenaban información sobre lo que se percibe como bueno y lo que se percibe como malo. Tal vez insistas en que sólo te preocupas por el mayor bien. Puede que sientas orgullo con tu humildad. Pero nuestro cerebro quiere serotonina y sigue buscándola, seamos conscientes de ello o no. La hostilidad hacia quienes consideramos más dominantes es uno de los procedimientos. Podemos conseguir ser los mejores mentalmente cada vez que nos recordamos a nosotros mismos que son «imbéciles». Pero la serotonina desaparece pronto y debemos odiar de nuevo a los imbéciles para obtener más.

Independientemente de cómo estimulemos la serotonina, el cerebro pronto se habituará. Una antigua posición de privilegio que nos resulte familiar ya no nos estimulará. El cerebro buscará ventajas sociales mayores y mejores. Si utilizamos el cinismo, encontraremos más defectos en «los imbéciles» a fin de sentirnos mejor.

El deseo del animal por gozar de una posición superior tiene muchos nombres en el mundo de los humanos, como por ejemplo ego, asertividad, competitividad, autoconfianza, búsqueda de estatus, esnobismo. Buscamos respeto, atención, importancia, ventajas. Llamamos a la gente mandona, controladora, dominadora, manipuladora. Queremos ser algo especial. Con independencia de cómo lo llamemos, es difícil ver a criaturas adorables y peludas de esta manera, pero cuando conocemos la naturaleza podemos conocernos mejor a nosotros mismos.

El respeto no es sólo una abstracción verbal. En el mundo animal, conlleva ventajas reales para la supervivencia. En el ámbito de lo humano, decimos que todo el mundo merece respeto. Pero no podemos aparearnos con todos. No podemos compartir nuestro plátano con todos. No podemos mostrar respeto a todo el mundo al mismo tiempo, y todo el mundo no nos respetará cuando queramos que lo hagan. Nuestro cerebro de mamífero buscará respeto, y a veces se decepcionará. Estas decepciones se perciben como urgentes amenazas a la supervivencia de un cerebro que ha evolucionado para difundir sus genes.

En el momento en que un mamífero llega a adulto, la experiencia ha desarrollado circuitos que le indican cuándo dominar y cuándo ceder. Todo mamífero sabe a qué compañeros de grupo debe someterse y qué individuos le permitirán seguir adelante y cubrir sus necesidades. Aunque respetemos a todos, no podemos prestar atención a todos. Tampoco todo el mundo puede prestarnos atención. Los mamíferos compiten por las recompensas sociales, además de por las físicas, porque la serotonina les permite sentirse bien. Tal vez no nos gusten las personas que buscan dominar socialmente y disfrutan con ello. Quizá no nos guste nuestro propio deseo de tener este placer. Pero nos sentimos bien cuando gozamos de una posición aventajada y mal cuando la perdemos. El problema no somos nosotros ni el mundo. De hecho, no hay ningún problema en absoluto cuando reconocemos la naturaleza de ser un mamífero.

Es posible que pensemos que los animales son compasivos y educados. Puede que odiemos la idea de que los animales luchan por la dominación social. Pero las investigaciones muestran un claro vínculo entre la búsqueda de estatus y la serotonina en los animales. En un estudio de referencia se colocó un espejo de un solo sentido entre un mono alfa y sus compañeros de grupo. El alfa tenía mucha más serotonina que los otros al principio. Hacía gestos de dominación propios de su especie, pero sus compañeros no respondían con los gestos de sumisión esperados porque el espejo de un solo sentido impedía que le vieran. La serotonina del alfa disminuía cada día del experimento y el mono se volvía extremadamente agitado. Al parecer, necesitaba la continua sumisión para seguir estimulando su serotonina. Necesitaba obtener respeto para mantener la calma.

La serotonina es una sustancia química compleja presente en los reptiles, los peces, los moluscos y las amebas, además de en los mamíferos. Los mamíferos tenemos diez veces más en el estómago que en el cerebro. La serotonina estimula la digestión, lo cual tiene sentido porque la asertividad social es precursora del hecho de conseguir comida en el estado de naturaleza.

Nuestros cerebros han evolucionado para buscar serotonina a la vez que evitamos el dolor, pero no hay ninguna forma segura de conseguir esto. Tal vez tengamos el sueño de ganar el Premio Nobel o un Grammy, o sólo un ascenso, pero puede que nuestros mejores esfuerzos no tengan éxito. E incluso cuando logramos la dominación social que deseamos, sólo nos sentimos bien durante un breve período. Después, nuestro cerebro busca más dominación social. Es posible que culpemos a nuestra sociedad por este hábito de pensamiento, pero los mamíferos de todas las especies buscan estatus con una energía que han reservado después de cubrir sus necesidades inmediatas. Es algo similar a ahorrar pensando en los malos tiempos. Los animales no pueden poner dinero en el banco ni conservar comida para el futuro. Puede que pasen hambre mañana, aunque tengan bastante comida hoy. Por eso, un animal invierte su energía extra de hoy en elevar su estatus. Eso mejora sus perspectivas de cubrir sus necesidades en el futuro. Cuando otros desean mejorar su estatus, nos parece molesto. Pero, cuando lo hacemos nosotros, lo percibimos como algo bueno.

. . . .

El cerebro de un mamífero dice:
No puedo controlar lo que sucederá mañana, por lo que, si tengo energía extra hoy, la invertiré en aumentar mi dominación social. ¿Quién sabe cuándo puede ser de ayuda?
. . . .

Cualquier amenaza a nuestro estatus social se percibe como una amenaza a la supervivencia por parte de nuestro cerebro de mamífero. Cuando otro obtiene alguna ventaja, nuestro cerebro ve la desventaja para nosotros. Podemos acabar sintiéndonos muy amenazados porque el mundo está lleno de personas que obtienen ventajas.

Las perspectivas de una gacela se ven mermadas cuando las compañeras de manada dominantes monopolizan la buena hierba y las mejores oportunidades de apareamiento. Pero la gacela se concentra en encontrar más hierba y más compañeros, y evita los conflictos en los que es probable que salga perdiendo. Los cerebros pequeños sobreviven centrándose en las necesidades reales en lugar de en mejoras abstractas. Los grandes pueden anotarse un tanto, y posibilitando el hecho de dar y tomar recordando encuentros anteriores. Anotarse un tanto puede parecer duro, pero puede prevenir conflictos al arreglar las cosas con el paso del tiempo. Los humanos podemos llevar el cálculo de nuestras ventajas y desventajas durante mucho tiempo.

CONSTRUIR CIRCUITOS DE SEROTONINA A PARTIR DE LA EXPERIENCIA DE LA VIDA

Imaginemos una cerda madre con ocho pezones y diez crías. Cada lechón se involucra en una competición a vida o muerte desde el momento de su nacimiento. Cuando un cerdito tiene acceso a un pezón, permanece pegado a él y mantiene a los demás alejados. A medida que crece su fuerza, intenta conseguir un pezón mejor, cerca de la parte superior, porque los lugares situados más arriba proporcionan más grasa y calor. La cerda madre no interviene, por lo que cada lechón aprende de su propia experiencia. Después de algunas semanas, disminuye el conflicto entre ellos porque cada lechón tiene expectativas asumidas sobre qué elecciones conllevan recompensas y qué decisiones generan dolor. Cada vez que un lechón se impone en un conflicto, fluye la serotonina y se conectan neuronas. Eso ayuda a su serotonina a activarse en circunstancias futuras similares. Un cerdo pequeño se siente seguro para reafirmarse cuando fluye su serotonina. Pero cada vez que pierde en una pelea, fluye el cortisol. Pronto, cada lechón dispone de una red neuronal para conseguir recompensas y evitar el dolor. El débil aprende a someterse para evitar lesiones. El fuerte aprende a reafirmarse para conseguir más recompensas. Tal vez creamos que esto está mal. Podemos sentirnos incómodos con los hechos porcinos de la vida. Tenemos la suerte de vivir en un mundo en que hay leyes que median en los conflictos. Pero, cuando vemos a cerdos –reales o

102

metafóricos– conseguir recursos que nosotros no logramos, probablemente suframos una fuerte reacción. Aunque no necesitemos la leche, podemos odiar el hecho de que un cerdo la consiga.

La vida como mamífero entre mamíferos

No queremos ser abusones, pero tampoco queremos que abusen de nosotros. Queremos sentirnos bien, pero también vernos como buenas personas. Todos construimos una gran variedad de circuitos de serotonina y buscamos formas de contentarlos.

La serotonina nos aporta una sensación de seguridad, no un sentimiento de hostilidad. Es la sensación del mamífero de que tenemos lo que necesitamos para triunfar en nuestra búsqueda de alimento o de oportunidades para aparearnos. Si nuestro juicio es exacto, reafirmarnos permitirá conseguir una buena sensación. Pero podemos equivocarnos. Podríamos resultar dañados cuando nos reafirmamos. El dolor construye nuevas conexiones en los circuitos que controlan nuestra serotonina.

Los granjeros y los biólogos de campo saben que los animales más débiles de una manada se encuentran en la parte exterior, donde es mayor el riesgo de sufrir el ataque de un depredador. Es posible que pensemos que los más débiles se sacrifican por el bien de la manada. Pero no es así como funciona el cerebro de un mamífero. Los animales de la manada empujan constantemente hacia el centro. Cuando son demasiado débiles para conseguirlo, acaban en la parte externa. Si tienen suerte, ya han dejado a sus crías en el centro, por lo que sus genes sobreviven después de perecer ellos.

No queremos empujar a los débiles a los extremos. Pero tampoco queremos estar nosotros en ellos. Parece que acabaríamos allí si dejáramos de empujar. Nos gustaría que no hubiera tantas bestias empujando. Algo va mal en el mundo. Cuando otros empujan, no nos gusta. Pero, cuando empujamos nosotros, simplemente nos parece que hacemos lo que necesitamos para sobrevivir.

Cuando los otros quieren un tratamiento especial, puede molestarnos. Pero, cuando somos nosotros quienes queremos ser especiales, nos parece que es simple justicia. Tan sólo estamos haciendo algo normal. Nuestro cerebro de mamífero suele apartarse para evitar el conflicto, de forma que parece que nuestra oportunidad ya ha pasado. Los animales

103

sociales observan lo que consiguen otros. Hemos heredado un cerebro que sintoniza con ese canal.

LOS IMBÉCILES CONSIGUEN PLÁTANOS

El cerebro de un mamífero no piensa matemáticamente. No dice: «Hay doce plátanos y somos cuatro, así que hay tres plátanos para cada uno». Simplemente sigue cogiendo plátanos mientras vigila el riesgo que suponen los dientes de otro mono. Por supuesto, nosotros no hacemos esto. Reprimimos nuestros impulsos, por lo que esperamos que otros hagan también lo mismo. Cuando otros no actúan como esperábamos, segregamos cortisol. Hay más cosas en juego que un simple plátano: la confianza en nuestra propia predicción de recompensas.

Hemos pasado toda la vida construyendo los circuitos que nos conducen a las recompensas y que nos alejan del dolor. Cuando fracasamos y otros tienen éxito, es difícil saber qué hacer a continuación. Necesitamos predicciones fiables para saber dónde invertir nuestro esfuerzo. No queremos ser un imbécil con un estúpido plátano, pero sí saber cómo funciona el mundo. Es difícil sentirse bien cuando llegamos a la conclusión de que los imbéciles consiguen todos los plátanos. Es incluso más duro observarnos a nosotros mismos recopilar y elegir los hechos para apoyar este panorama tan poco feliz.

. . . .

El cerebro de un mamífero dice:
Es sólo un plátano, pero, cuando lo consigue otra persona, tal vez creamos que algo va mal en el mundo. Nuestra respuesta verbal puede justificar nuestro mal sentimiento diciendo: «¡Es sólo el principio!».

. . . .

Comparaciones sociales y helados
Imaginemos que estamos delante de una tienda de helados todo el día. Podemos llevarnos la impresión de que otras personas comen helado constantemente. Quizá pensemos que es injusto que ganemos peso por un helado ocasional, mientras otras personas los comen durante todo el

104

tiempo y no ganan peso. Por supuesto, ellos no comen tantos como imaginamos. Nuestra información está sesgada porque la estamos recopilando delante de una tienda de helados. Las comparaciones sociales dependen de nuestra elección de los hechos, pero a menudo tomamos decisiones sin palabras dejando que la electricidad fluya por las rutas neuronales que tenemos. Cuando nos programamos para sentirnos mal, encontraremos fácilmente hechos que encajan.

DOMINACIÓN SOCIAL Y REPRODUCCIÓN

Los mamíferos se preocupan por la comparación social porque resulta muy relevante para la supervivencia de sus genes. Cuanto más sabemos sobre el juego del apareamiento en los animales, mejor entendemos nuestro propio sentido del deseo de dominación social. No hay amor libre en el estado de naturaleza. Los animales se esfuerzan para conseguir oportunidades de reproducirse, y tanto las hembras como los machos luchan para conseguir ventaja.

Los mamíferos hembra no quieren malgastar su limitada capacidad reproductiva con genes paternos de mala calidad. No piensan en esto conscientemente, pero actúan de forma que favorecen a los machos con buenos genes. El modo en que juzgan a los machos varía según la especie, pero normalmente está implicado el estatus social. En las especies de cerebros pequeños, los machos ganan estatus en el mismo momento mediante el combate físico. En los primates con cerebros grandes, pueden ganar estatus con el paso del tiempo mediante acciones que incluyen una variedad de buenos actos, así como con la pelea física. En los bonobos, el simio del que conocemos su sexualidad, las hembras se esfuerzan por aparearse con los hijos de las hembras de alto estatus de su grupo. Las hembras bonobo trabajan duramente para ganarse su estatus en la jerarquía femenina, de forma que puedan tener acceso a los mejores machos.

Los grupos de mamíferos suelen tener «alfas» que intentan acaparar las oportunidades de apareamiento de diversas maneras. Los machos más fuertes alejan a los demás de las hembras fértiles, y de ese modo tendrán más hijos en la siguiente generación. Las hembras más fuertes tienen más hijos y logran mantener vivo a un número mayor para que sus genes se

105

transmitan. Los animales no se ven motivados por ambiciones dinásticas. Sólo hacen aquello con lo que se sienten bien. Cualquier cosa que estimule la serotonina se espera que se perciba como algo bueno. Esto es distinto del sentimiento propio de la dopamina de «ir a por ello», que se basa en la acción. La serotonina produce la sensación de tranquilidad de que algo es nuestro si así lo queremos.

Para obtener esta agradable sensación, un mamífero se compara a sí mismo con los rivales y toma una decisión. Cuando ve que es más grande o más fuerte, o está en una posición superior a su rival, se siente seguro con el deseo de reafirmarse. Cuando ve que es más pequeño o más débil, o está en una posición inferior, el deseo de reafirmarse genera cortisol. Los mamíferos fuertes y débiles pueden vivir juntos porque su cerebro es capaz de hacer comparaciones sociales. Los humanos ansiamos la buena sensación de la serotonina, pero no queremos una vida de rivalidad social en la que «el poder crea el derecho». Por fortuna, esta mentalidad actualmente está restringida por las leyes, reglas y normas sociales que limitan la agresividad. Pero seguimos teniendo un cerebro de mamífero que siempre busca ventajas, compararse con los demás e imponerse. No es de extrañar que un cerebro así genere conceptos cínicos.

En la sociedad civilizada esperamos segregar serotonina poniéndonos en lo más alto sin poner a los demás por debajo. Eso es difícil de conseguir en la práctica, por lo que nuestro cerebro busca alguna guía en lo que le funcionó previamente. En lo que respecta a nuestro cerebro, cualquier cosa que nos permitiera ganar respeto en el pasado parece que debería funcionar. Pero el mundo no siempre responde de la forma que esperamos, por lo que nuestros esfuerzos por estimular la serotonina a veces se ven frustrados.

Desarrollamos expectativas sobre cómo ganar respeto cuando somos jóvenes. Muchos de nosotros aprendemos a ganar respeto sometiendo a otros. En el mundo actual, someternos ayuda a conseguir plátanos y oportunidades de apareamiento. Pero no es realmente un sometimiento si lo hacemos presuponiendo que la otra persona nos contestará. Digamos que nos encontramos con alguien en una puerta de entrada. Podemos decir: «Después de usted», y esperar que nos respondan: «Después de usted». ¿Qué sucede si se limita a entrar? Quizá segreguemos cortisol y pensemos que han quedado por encima de nosotros. Cada vez que lleguemos a un umbral nuestro cerebro generará una expectativa. La gente no siempre cumple con nuestras expectativas y podemos terminar segregando mucho cortisol.

El cerebro de un mamífero dice:
Después de usted. Después de usted. Después de usted. ¿Por qué tengo que entrar el último?

El día de un mamífero está lleno de decisiones sobre cuándo reafirmarnos y cuándo retirarnos. Si nos reafirmamos todo el tiempo, acabaremos sufriendo dolor porque no tendremos fuerzas para ganar todas las peleas. Pero, si nos retiramos todo el tiempo, acabaremos sufriendo dolor al ver a otros conseguir todos los plátanos y las oportunidades de apareamiento. Nuestra única elección es analizar todas las opciones, que es la tarea para la que ha evolucionado nuestro cerebro.

TODO EL MUNDO ES ESPECIAL

Tal vez digamos que no nos comparamos con los demás, pero, cuando vemos a alguien con un cabello mejor o con mejores abdominales, lo observamos. Nuestro cerebro ha evolucionado para hacer comparaciones sociales. Podemos terminar sintiéndonos mal por nuestro cabello o nuestros abdominales, a pesar de tener las mejores intenciones.

En el mundo actual, esperamos estar en lo más alto en todas las ocasiones sin creernos mejores que nadie. Este estado idealizado se llama «orgullo» y «confianza». Es difícil crear esta ilusión porque nuestro cerebro ha evolucionado para realizar comparaciones concretas. El cerebro observa su propia debilidad porque eso promueve la supervivencia en la naturaleza. Podemos acabar fácilmente pensando que todos los demás disfrutan de la serotonina en todo momento y nosotros nos la estamos perdiendo. Buscamos formas de estimular la serotonina, pero observamos que tienen efectos secundarios desagradables de un tipo u otro. Cada vez que nos situamos por encima de otros nos arriesgamos a que nos echen abajo. Podemos comportarnos para tener un mayor impacto en el mundo de una u otra forma, pero siempre hay algún coste, e incluso si tenemos éxito la sensación no dura y nuestro cerebro quiere más. Es más fácil limitarse a ridiculizar a la persona que tenemos por delante.

El cinismo es una forma no violenta, que no implica drogas y que no engorda, para estimular la serotonina. Podemos sentirnos superiores sin ir al gimnasio, estudiar para unas oposiciones o tolerar las cosas indignas que se les dicen a los políticos y los empresarios. El cinismo nos convierte instantáneamente en superiores porque «ellos» son «imbéciles».

Odiamos la sensación de vivir en un concurso de popularidad y ansiamos un mundo que no sea así. Resulta útil saber que todos los grupos de monos y simios tienen un certamen de popularidad. En un famoso estudio con chimpancés, los animales intercambiaron voluntariamente comida por la oportunidad de mirar retratos de su macho alfa (y hembras fértiles).

En un estudio de campo con babuinos, se descubrió que los animales miraban significativamente más a su alfa que a otros compañeros de grupo. Si piensas que alguien atrae más la atención estás en lo correcto. Si piensas que es frustrante, eres un mamífero. No estás pensando en difundir tus genes, pero la atención equivale al éxito reproductivo en el cerebro que construyó la selección natural. Terminar perdiendo atención se percibe como una amenaza para la supervivencia, para este cerebro.

- -

El cerebro de un mamífero dice:

Si piensas que alguien atrae más atención estás en lo correcto. Si piensas que es frustrante, eres un mamífero. No estás pensando en difundir tus genes, pero la atención equivale al éxito reproductivo en el cerebro que construyó la selección natural. Terminar perdiendo atención se percibe como una amenaza para la supervivencia, para este cerebro.

- -

La comparación social es más importante que la comida en el mundo de los mamíferos. Un mamífero no coge el alimento hasta que mira alrededor para saber si alguien le está observando, porque evitar daños promueve la supervivencia más que cualquier bocado. La comparación es más

108

importante que el sexo por la misma razón. El cerebro sigue comparándonos con otros y reaccionando, a pesar de que nos gustaría que no lo hiciera.

ELECCIÓN CONSCIENTE FRENTE AL MAMÍFERO INTERNO

En el mundo actual podemos elegir de qué comparaciones sociales nos vamos a preocupar. Decidimos en qué medida nos preocupamos por ejemplo, por las uñas, el coche y las notas de nuestros hijos. Podríamos sólo centrarnos en nuestros gatos e ignorar todo lo demás, si queremos. Pero, independientemente de aquello por lo que hayamos aprendido a preocuparnos, los niveles de cortisol se disparan cuando alguien queda por encima de nosotros. El cerebro de mamífero sigue observando las ventajas de los otros y preguntándose por lo que está mal. Para sobrevivir, cree que nosotros también somos especiales. Nadie piensa en estos términos, pero nuestros subidones y bajones neuroquímicos nos hacen sentirlo en lo más profundo.

. . . .

El cerebro de un mamífero dice:
Nuestro cerebro de mamífero cree que debemos ser especiales para sobrevivir. Nadie piensa en estos términos, pero nuestros subidones y bajones neuroquímicos nos hacen sentirlo en lo más profundo.
. . . .

Un joven mono macho no encontrará pareja hasta que suba de estatus dentro de su grupo. Una hembra joven debe subir de estatus o verá a sus crías morir por una u otra amenaza. El estatus en el mundo de los primates tiene una importancia de vida o muerte. Este cerebro que hemos heredado se preocupa intensamente por su estatus. Cada uno de nosotros lo expresa a su propia manera. Podemos ridiculizar los marcadores de estatus por los que otros se preocupan mientras deseamos un marcador de estatus distinto. Cuando nos sentimos frustrados por la búsqueda de estatus de nuestros compañeros los mamíferos, resulta útil recordar que se ve impulsada por la energía que conlleva la reproducción. Tal vez

109

culpemos a la sociedad por este sentimiento de urgencia si no sabemos que nuestro mamífero interno lo está causando.

Nadie es especial durante todo el tiempo, incluso cuando ganamos respeto, nos arriesgamos a perderlo. La frustración y la decepción forman siempre parte de la búsqueda de respeto por parte del mamífero. En el pasado, la gente luchaba en duelos, llevaba corsés y planchaba su ropa interior en su búsqueda por segregar serotonina. El cinismo es una forma menos dolorosa de conseguir esto. No nos gusta juzgar, pero, cuando nos decimos a nosotros mismos: «Todos son una banda de delincuentes», nos sentimos superiores. El cinismo nos ayuda a creernos que nos hallamos en lo más alto de un mundo lleno de mamíferos que están todos intentando colocarse en lo más alto.

Tal vez insistamos en que sólo nos preocupamos por el bienestar de los demás. Pero nuestro cerebro responde a cualquier cosa que nos afecte. Si rechazamos constantemente lo que piensa el cerebro, contraatacará generando malas sensaciones. Nos dirá que algo va mal e intentaremos dar sentido a ese mensaje. Podemos concluir que todos los demás están equivocados al colocarse por encima de nosotros. Y aunque castiguemos mentalmente a todo el mundo, tal vez sigamos creyendo que no nos preocupamos de nosotros mismos, sino de los demás.

AHORA ES MI TURNO

Cuando nuestra búsqueda de serotonina se ve frustrada, el mamífero interno cree que el tipo que está por encima de nosotros es el problema. Enfrentarnos a quien tenemos por encima parece una buena forma de aliviar esa sensación de tener que hacer algo. Esa persona puede ser la pequeña anciana que preside nuestro club de calceta, el hermano que se burla de nosotros, el líder político que vemos en la televisión o todos ellos juntos. Enfrentarse a alguien a quien creemos que está por encima de nosotros en la jerarquía social puede aliviar los malos sentimientos. Si nos enfrentamos mentalmente, podemos sentirnos mejor sin el riesgo del conflicto abierto. Si vuelve la mala sensación, podemos enfrentarnos mentalmente a ellos de nuevo. Podemos acabar con una mente llena de enfrentamientos en nuestra búsqueda por la agradable sensación de la serotonina.

110

Cuando nos sentimos dominados, unirnos a otros afectados por el mismo adversario permite que nos sintamos bien. La dominación social se consigue más fácilmente con el apoyo de un grupo. Tal vez odiemos ver a otras personas formar camarillas y grupos e ir por ahí actuando como si fueran superiores. Pero, cuando nuestro grupo social quiere progresar, nos parece correcto. Para nuestra mente no consiste en dominar, sino en una respuesta necesaria al deseo de dominar de otras personas.

El grupo facilita el hecho de creer en la superioridad de nuestra causa y de nuestra fuerza. Nuestros compañeros de grupo refuerzan la sensación de que nos dominan, y nuestros circuitos compartidos expresan visiones alternativas de la situación. Queremos acabar con los grandes caciques algún día, y con ello nos sentimos bien. Al cinismo le encanta la compañía.

Imagina que estás en un club de calceta dirigido por una idiota que no sabe de lo que habla, en tu opinión, pero que se gana el respeto que bien podría llevarse otra persona en la que piensas. Algunos de los miembros de tu club están de acuerdo y concibes la forma de hacer algo. Les induces a quitarla del puesto y tú te conviertes en líder. Lo hiciste por ellos, pero te sientes bien. Empiezas a dirigir las cosas de la forma en que deben ser llevadas. Pero las buenas sensaciones pronto se disipan. «Es sólo un club de calceta», te dices a ti misma. Entonces, empiezas a concentrarte en los idiotas que se te imponen en otros ámbitos de tu vida. Encuentras aliados y decides hacer algo.

Enfrentarte a una jerarquía estimula las buenas sensaciones de la dominación social cuando ganas. Puedes quedar dolido, por supuesto. Puedes perder tu elevada posición en el club de calceta mientras centras tu atención en otra cosa. Si puedes encontrar una forma de disfrutar de la dominación social con menos riesgo, resulta atractivo. El cinismo es una forma de conseguir eso. Cuando denuncias a «los idiotas que han arruinado las cosas para todos nosotros», parece que creces. Puedes imaginarte a ti mismo como una persona cooperativa que detesta los conflictos y que sólo lucha contra los fuertes por el bien de los débiles. Pero te sientes bien.

. . . .

El cerebro de un mamífero dice:
Sólo peleo por el bien de los demás.
. . . .

111

Los monos y los simios suelen cooperar para derrocar a su líder. Pero, cuando tienen éxito, esa cooperación se disuelve en la lucha por ser el nuevo gran cacique. Pronto se establece una nueva jerarquía que dura hasta que una nueva oposición la sustituye. La historia humana está llena de movimientos de oposición cuya cooperación se desintegra cuando el adversario común es derrotado, y entonces los anteriores aliados compiten por la dominación. Podemos alegrarnos cuando esto ocurre con palabras, en lugar de con violencia. Pero no lo hacemos porque la rivalidad social es demasiado frustrante.

SEGUIR ADELANTE

Es difícil imaginar a animales inocentes esforzarse por seguir adelante. Nos enseñan que este deseo está causado por la civilización moderna, y la gente tiende aceptarlo sin dudarlo. Pero los conflictos relacionados con la dominación social han impregnado a la civilización humana en todas las épocas históricas. La gente siempre ha culpado a la sociedad. Todos los cerebros ven el mundo a través de la lente de su propia experiencia vital, y por eso es tan difícil ver al cerebro de los mamíferos dejar su huella sobre todas las sociedades. Para explicar este patrón, a continuación ofrecemos un breve resumen de las conductas comunes causadas por la búsqueda del cerebro de un mamífero de la serotonina y la dominación social.

La búsqueda de un buen cuerpo es el núcleo de la rivalidad social moderna. Actualmente lo asociamos con comer menos, pero, en el estado de naturaleza, era tan difícil encontrar alimentos que un buen cuerpo era una prueba de la energía e inteligencia de un compañero de grupo. La comida es la clave de la fuerza en el mundo animal. Para sobrevivir en el estado de naturaleza es necesaria una gran cantidad de búsqueda de alimento, masticación y digestión. Ganar músculo era un logro muy poco frecuente. Nosotros ya no ganamos músculo para intimidar a los rivales, pero nuestros cerebros siguen relacionando la comida, el estatus y la supervivencia de muchas maneras.

Los animales suelen seguir al alfa dominante cuando salen a buscar comida. Actualmente elegimos a líderes con la expectativa de que nos permitirán encontrar recursos. Los alfa de los grupos de animales controlan

112

quién come qué. En el mundo humano, ofrecer comida es una forma de ganar respeto. Esto funciona incluso cuando abunda la comida. Nuestro sistema de búsqueda ha evolucionado para encontrar comida. Actualmente, es tan fácil descubrir comida que nuestro cerebro de búsqueda de comida necesita ser estimulado. La búsqueda de la mejor mesa en un restaurante de moda, la mejor receta de pollo frito o la mejor botella de Chateau Margaux produce la sensación de haber tenido éxito en la búsqueda de comida.

Rivalidad sexual

El sexo es la recompensa por la dominación social en el mundo animal. Los animales más fuertes trabajan duramente para mantener a sus rivales alejados de las parejas deseables. El acto de «guardarse las parejas» ocurre de diversas formas en distintas especies. Los lobos y los suricatos tienen una pareja alfa que domina la reproducción mordiendo y arañando a todos los compañeros de grupo. En las especies en que dominan las hembras, como los bonobos y las hienas, se muerden y arañan las unas a las otras para reservarse los mejores machos para ellas mismas. La rivalidad sexual suele consumir mucha energía de los animales. Por ejemplo, cuando los lemures hembra entran en su período sincronizado de receptividad hormonal, los machos luchan hasta que sólo queda un vencedor, y se convierte en el orgulloso padre de la siguiente generación. Los machos pierden tanto peso corporal en estos conflictos que se encuentran ocupados volviéndolo a ganar durante todo el tiempo en que las hembras están preñadas y dan el pecho a sus crías. En el mundo humano actual, la rivalidad sexual se considera cosa de adolescentes, pero nuestros conflictos suelen remitirse a las oportunidades de apareamiento de una u otra forma.

Hacer favores

Los animales prosperan haciendo favores a otros. Un babuino alfa arriesga su vida por defender a los compañeros de grupo que acaban de subir a un árbol cuando se aproxima un león. Los chimpancés son conocidos por los actos de cuidar a las crías, compartir comida, defenderse y acicalar a sus aliados sociales. Los mamíferos no prosperan colocándose en primer lugar en todo momento, pero tampoco funciona el hecho de ponerse en última posición. Se conceden favores cuando promueven el éxito reproductivo, aunque el animal no sea consciente del funcionamiento. El cerebro de los mamíferos ha evolucionado para considerar las oportunidades de obtener ventaja para su esencia individual única.

Evitar el conflicto

Un mamífero se debilita si intenta dominar constantemente; pero si se somete siempre también se debilitará. Un cerebro bueno en la elección de sus batallas tiene las mejores perspectivas. Un primate gana respeto evitando los conflictos excepto en aquellos en que puede ganar. En eso es en lo que han evolucionado los cerebros de los mamíferos.

Preparar a las crías para participar en el juego

Los genes de un mamífero sólo sobreviven si sus hijos tienen hijos. Los padres enseñan a los jóvenes mamíferos a ganarse el respeto, y con ello a aparearse y mantener vivos sus genes. Sin intención consciente, los mamíferos jóvenes aprenden el juego de mantener su estatus vigilando a su madre. Se programan para reafirmarse cuando ella se reafirma y se retiran cuando ella se retira. Los investigadores también han descubierto a mamíferos madre interviniendo en los conflictos al lado de sus crías, y éstas se convertían en mejores buscadores de estatus. Todo mamífero joven aprende a evitar los conflictos en los que perderá, pero también a reconocer los que puede ganar.

Tal vez deseemos un mundo sin conflictos, rivalidad sexual ni tentaciones relacionadas con la comida. Podemos negarnos a salir de la cama hasta que consigamos un mundo sin conflictos. Pero la rivalidad social de los mamíferos existe desde hace millones de años, por lo que la posibilidad de que desaparezca durante nuestra vida es muy baja. Obtendremos más ventajas celebrando la capacidad de nuestro cerebro para soportarla.

LA MONTAÑA RUSA DE LA DOMINACIÓN SOCIAL

Los niños suelen imaginarse a sí mismos en posiciones de respeto, como una bailarina o un superhéroe. Ese tipo de sueños estimulan la serotonina y permiten sentirse bien. Cuando eras niño tal vez ganaras un evento deportivo, un certamen de talentos o un concurso de matemáticas. Quizá robaras una galleta y te la llevaras. Sea lo que fuere lo que te dio esa sensación de «estoy en lo más alto», programó tu cerebro para repetir lo que te permitió sentirte tan bien.

Pero las sustancias químicas de la felicidad se metabolizan rápidamente, por lo que tu cerebro siguió buscando más. Con dolor, te diste cuenta de que tu estatus como deportista de élite, mago de las matemáticas o ladrón de galletas podía perderse en cualquier momento. No te gustaba la presión para seguir buscando, pero fue esencial para la supervivencia.

Los malos procedimientos para buscar dominación social han existido durante toda la historia humana. Algunas personas han dominado a otras de forma cruel porque se sentían bien con ello. Incluso personas que no se consideran dominantes han ganado respeto peleando en los bares, defraudando a las empresas o despreciando a los niños. El cinismo parece bueno si se compara con los numerosos malos procedimientos de búsqueda de la dominación.

Es difícil encontrar una buena forma de estimular la serotonina, por lo que imaginar la propia grandeza resulta muy atractivo. Puedes imaginarte como un artista famoso, una persona que salva a otras o alguien que corrige lo que está mal. Puedes imaginarte viviendo en un lugar que aprecia tu grandeza. Buscar la dominación de esta forma nos ayuda a estimular la serotonina sin los violentos conflictos de nuestros antepasados.

Muchas personas creen que el mundo primitivo estaba libre de jerarquías sociales y conflictos. Pero los estudios de sociedades preindustriales muestran una agresividad generalizada por debajo de toda esa retórica de igualdad. Hay agresividad entre machos, hembras, entre machos y hembras, entre adultos y niños, y entre el propio grupo y los grupos extraños. Los antropólogos que documentan el lado desagradable de la vida tribal tienden a ser menos populares que quienes alimentan nuestro deseo de ver un mundo feliz. Pero resulta útil entender los rígidos controles de las sociedades tribales.

Los niños aprenden a obedecer y a seguir a los adultos. Tal vez creas que son libres porque nadan desnudos, y no tienen que llevar prendas de ropa propias de cuando se acude a la iglesia, pero las expectativas puestas en ellos suelen ser más exigentes que con las que tú creciste. Se someten a las costumbres y la estructura de poder de su tribu, o de cualquier otra cosa.

Los mamíferos podemos sacar de quicio a otros. A lo largo de los siglos, establecimos acuerdos sociales que controlan la tensión de dos mamíferos en el mismo espacio. Un cóctel lleno de discusiones verbales es un evento exitoso porque elimina la violencia de la búsqueda de posición social. Se pueden herir los sentimientos, pero, si esperas conseguir un mundo que no dañe los sentimientos, tus expectativas no serán realistas.

Muchas personas sostienen que el dinero es la causa de todos los problemas. Pero antes de que existiese el dinero, las jerarquías hereditarias eran algo generalizado. La posibilidad de ganar dinero ofreció a la gente una forma alternativa de buscar respeto. Si te sientes molesto por el dinero de otras personas, la causa no es el dinero, sino tu deseo interno de mamífero de dominación social. Quienes desprecian el dinero buscan dominación social de otras maneras. Muchas personas se sientes superiores por su ética y condenan a los demás por ser antiéticos o insensibles. Esta estrategia para sentirnos bien se logra fácilmente, y cuando se terminan las buenas sensaciones podemos encontrar de nuevo defectos en la ética de otras personas. No lo consideramos una búsqueda de estatus, pero estimula nuestra serotonina. Las neuronas se conectan y el cerebro aprende a buscar buenas sensaciones de este modo.

Independientemente de dónde busquemos esa sensación de dominio, el mundo nos frustrará en algunas ocasiones. Nuestros sueños de gloria pueden no hacerse realidad. Y si se hacen, el cerebro se habituará al respeto que conseguimos y necesitaremos incluso más. Cuando obtenemos respeto, nos preocupamos por la posibilidad de perderlo. No importa dónde nos encontremos, somos mamíferos. Pero podemos utilizar nuestro conocimiento del cerebro de los mamíferos para programarnos con el fin de sentirnos bien en el mundo en que realmente vivimos.

Resumen científico

Los animales generan estatus sin estructuras formales y sin intención consciente. Emerge orgánicamente de los esfuerzos individuales para estimular la serotonina. En este capítulo hemos aprendido:

- Todas las especies de mamíferos tienen su propia variante de jerarquía social, que surge de las restricciones para la supervivencia de su nicho ecológico. Los mamíferos hembra buscan la dominación social de forma que consigan una mejor nutrición, mejores genes paternos y protección para sus crías. Los mamíferos macho buscan la dominación social de formas con las que tienen acceso a las hembras fértiles y bloquean el acceso de otros machos.

- El cerebro de los mamíferos controla constantemente quién se encuentra en posición dominante y quién en posición subordinada. Los mamíferos no buscan la dominación mediante la agresión cuando hay un riesgo elevado de sufrir dolor. A veces, dominan esperando que otros les muestren respeto.

- Los cerebros que se preocuparon por el estatus hicieron más copias de sí mismos, y se obtuvo por selección natural un cerebro que busca estatus. No pensamos de esa forma con palabras, pero nuestro cerebro ansía la buena sensación de la serotonina. Ésta se libera cuando obtenemos respeto y genera rutas neuronales que nos indican cómo conseguir más.

- La serotonina nos proporciona un sentimiento seguro, no hostil. Es la sensación de un mamífero de que tiene lo que se necesita para obtener el recurso que se busca en un contexto social.

- Cualquier amenaza a nuestra posición social se percibe como una amenaza para la supervivencia, para nuestro cerebro de mamífero. El cortisol alerta a nuestra gran corteza para que encuentre pruebas sobre las amenazas y que genere una ruta neuronal que active más cortisol en situaciones similares. De este modo, el cerebro se programa para sentirse amenazado por los rivales sociales, sin intención consciente.

- Las expectativas generadas por las rutas neuronales antiguas nunca predicen perfectamente el mundo social. A veces nos vemos frustrados y acabamos segregando cortisol. Otras veces nos vemos sorprendidos por un agradable subidón extra de serotonina. Estas sustancias químicas construyen nuevas rutas que se ajustan a nuestras expectativas. Todos los cerebros siguen buscando respeto con las rutas de que disponen.

- Cualquier cantidad de serotonina que logremos estimular se metaboliza pronto y tenemos que hacer más para conseguir más. Esto motivó a nuestros antepasados a seguir esforzándose ante el dolor físico y las amenazas sociales. La buena sensación de la serotonina no evolucionó para fluir constantemente sin razón alguna. Evolucionó para recompensarnos con una buena sensación cuando encontramos una forma segura de reafirmarnos.

118

CAPÍTULO 6

DESARROLLA UN HÁBITO DE APER

*Utiliza la Acción Personal y las Expectativas Realistas
para conseguir una vida positiva.*

¿Estás cansado de ser cínico? ¿Listo para disfrutar de tu propio poder, hoy, sin esperar a que cambie el mundo? Puedes ver lo bueno del mundo transcendiendo la información que estás programado para buscar. Con el sistema explicado en este capítulo, aprenderás a sentirte bien en el mundo tal como es, en lugar de esperar que un mundo imaginario te haga sentirte bien.

Como ya explicamos, la negatividad es algo natural porque la decepción se percibe como una amenaza para la supervivencia, para este cerebro que has heredado. El cinismo ayuda a aliviar la sensación de amenaza, pero conlleva un precio. Te hace tener menos poder, porque te concentras en cosas que no puedes controlar, en lugar de en las que sí puedes. El cinismo centra tu atención en antiguas expectativas, lo que hace que las amenazas y las recompensas sean difíciles de ver. La negatividad es un mal hábito que persiste porque nuestros cerebros tienden a basarse en los circuitos que construimos hace tiempo.

Los nuevos circuitos se desarrollarán si proporcionas a tu cerebro una nueva serie de estímulos. Esto es difícil de hacer, lo cual es la razón por la que la gente tiende a no reprogramarse a no ser que sus estímulos se vean

119

alterados por alguna fuerza exterior. Ahora que sabes cómo funciona tu cerebro, te resultará más fácil reprogramarlo. Pero deshabilitar tus antiguos circuitos tenderá a desencadenar un sentido de alarma. Tu cerebro identifica los antiguos hábitos con la supervivencia, por lo que ignorarlos se percibe como una amenaza para ésta. Actualizar tu sistema operativo neuronal es más difícil que actualizar el sistema operativo de tu ordenador porque tu cerebro siempre debe estar activado, por lo que no puedes pulsar ningún botón de «reinicio». Cuando intentas abandonar un antiguo hábito, parece que estás perdiendo el acceso a tu viejo disco duro, con su acumulación de toda una vida de mensajes e imágenes que te recuerdan quién eres. Pero, si aceptas la incertidumbre temporal, pronto disfrutarás de nuevas formas de conectar tu experiencia.

Persevera y literalmente olvidarás el hecho de ser cínico, porque la electricidad activará un nuevo circuito de positividad. ¿Qué es un circuito de positividad? En este capítulo aprenderás acerca de dos hábitos de pensamiento que transcienden nuestra negatividad natural: la Acción Personal y las Expectativas Realistas, o APER. La Acción Personal es la conciencia de que tus esfuerzos pueden cubrir tus necesidades de supervivencia. Las Expectativas Realistas son el conocimiento de que tus subidones y bajones neuroquímicos proceden de un cerebro de mamífero poco convencional. Con la acción personal y las expectativas realistas te concentras en tu paso siguiente y disfrutas llevándolo a cabo. Reduce al mínimo tu atención y no te verás distraído por los defectos del mundo.

Tú tienes poder sobre tus propios circuitos. Ser tu propio agente personal se percibe como algo mejor que lamentar el fracaso del mundo a la hora de cubrir tus necesidades, y las expectativas realistas se perciben como algo mejor que identificar la frustración con una crisis. Si consigues APER, lograrás ERAP, porque las Expectativas Realistas te ayudan a Actuar Personalmente. Cualquiera que transcienda su negatividad natural desarrollará circuitos APER. Por tanto, examinemos cómo hacerlo.

EL HÁBITO DE LA POSITIVIDAD

A continuación ofrecemos un sencillo procedimiento para incorporar en tu cerebro un nuevo flujo de estímulos. Tres veces al día, deja lo que estés

120

haciendo y piensa en algo bueno. Pasa un minuto en cada ocasión examinando los aspectos positivos de situaciones que se encuentran en tu mente. Haz esto durante seis semanas y tu cerebro se entrenará para buscar el bien en el mundo. Define «bien» como desees. Para unos mejores resultados, no te concentres en cachorros, arcoíris o mariposas. Busca cosas buenas relevantes para tu realidad actual. A continuación, te ofrezco algunos ejemplos de mis propios minutos de positividad. Podrás ver que estoy construyendo aspectos positivos activamente, en lugar de esperar pasivamente a que se interpongan en mi camino cosas buenas.

- Cuando alguien me hace perder los nervios, pienso en el poder personal que tengo que no está controlado por esa persona.
- Cuando un acontecimiento trágico atrae mi atención, pienso en las respuestas mejoradas a eventos trágicos que no estuvieron disponibles para las tragedias durante toda la historia.
- Cuando me siento menospreciada, pienso en cómo eso me libera de desarrollar mis propios instintos, en lugar de verme tentada a actuar de la forma más habitual para mantener la atención.
- Cuando percibo conflictos en torno a la comida, pienso en los sabrosos alimentos que elegiré cuando tenga hambre de verdad, y en la suerte que tengo al poder elegir estas comidas.
- Cuando me siento separada de la manada, me recuerdo a mí misma que mi mamífero interior tiene muchos impulsos distintos, a menudo conflictivos, y tengo suerte de poder elegir mi respuesta a cada impulso de forma que mejora mi bienestar a largo plazo.

Este ejercicio puede considerarse complicado y artificial al principio. Tal vez pienses que las cosas buenas que te inventas son triviales. Tus antiguos circuitos puede que te digan que estas trivialidades no servirán para contrarrestar el horrible estado en que se halla el mundo. Pero, en seis semanas, tus exquisiteces positivas se percibirán igual de reales que la negatividad tan expresada en torno a ti.

Es importante ser consciente de que este hábito de positividad no es:

- **Un ejercicio de gratitud:** La gratitud te pone en el papel de un receptor pasivo. Puedes encontrar cosas buenas en las que creas, así

121

como en lo que recibes. Puedes sentirte encantado contigo mismo igual que con los demás. Si sentirte encantado parece cosa de débiles o de estúpidos, recuerda que tienes el resto del día para criticar cosas.

- **Un ejercicio de relajación:** No necesitas relajarte mientras estés haciéndolo. No esperes divertirte en estos momentos, ni tampoco deberías juzgarte porque no haya diversión. Limítate a seguir buscando cosas buenas y tus nuevas expectativas transformarán tu neuroquímica.

Esta práctica entrena tu cerebro para buscar cosas buenas de forma tan natural como ahora buscas las malas. Tu piloto automático cambiará si haces algo distinto tres veces al día, durante seis semanas, sin falta. Si te pierdes algún día, empieza por el principio hasta que puedas continuar seis semanas seguidas. Si tienes problemas para concentrarte, comienza con cosas que sean buenas para otras personas. Pero debes ser honesto con el beneficio para ti. Si sólo aceptas cosas buenas para otros, puede que al final te sientas resentido, cínico y te compadezcas de ti mismo. Tal vez pienses que las cosas buenas sólo les ocurren a los demás, pero eso es únicamente una ruta de tu cerebro y desarrollarás una ruta nueva. El cinismo puede introducirse en tus pensamientos positivos. Cuando tienes buenas noticias es posible que pienses: «¿Cuánto durará esto?». Pero tu compromiso con afrontar tu cuota diaria te mantendrá buscando el bien, y en seis meses se convertirá en un hábito. Quizás incluso te sorprendas respondiendo a las buenas noticias con: «Es posible que haya más cosas buenas de donde procedieron las anteriores».

«Esto no es objetivo», quizá digas. Sin embargo, en seis semanas te darás cuenta de que tu negatividad tampoco era objetiva, sino tan sólo un hábito. Tus hábitos de pensamiento parecen verdaderos porque discurren por rutas bastante frecuentadas de tu cerebro. Pero los bulevares de tu mente no fueron construidos por tu objetividad, sino por experiencias de oportunidad en la juventud. Puedes construir otros nuevos, aunque no parezcan objetivos.

122

El cerebro humano dice:
Quizá pienses que las cosas buenas sólo les ocurren a los otros. Se trata sólo de una ruta en tu cerebro y construirás otra nueva.

«¿Cómo puede alguien encontrar tres cosas buenas un día en un mundo tan malo?», puede que te preguntes. Se necesita valor. Te arriesgas a la decepción cuando buscas lo bueno. Esto se debe a que tu cerebro compara lo que encontraste con lo que podría/debería ser. Tus cosas buenas parecen poco sólidas comparadas con tus aspiraciones. Incluso puedes sentir que no estás en sintonía con los demás cuando te concentras en lo bueno, y perder su respeto o su confianza. Pero cualquiera puede terminar con tres pensamientos diarios al día. A continuación explicamos cómo funcionó para alguien que llamaremos Pat.

Hábito positivo en acción

Pat decidió ser agradecido con el desayuno la primera mañana de práctica positiva, puesto que fue algo que le vino a la mente sin esfuerzo. Pero inmediatamente empezó a pensar en problemas relacionados con la comida: puede estar envenenada con aditivos, procedente de granjas no sostenibles y no ser una buena elección comparada con un caldo de verduras. Pat estaba deseando quitarse esto de encima y empezar a trabajar, por lo que surgió la idea de estar contento por tener un trabajo. Pero creía que se sentía tan mal que no tener trabajo le parecía mejor en ese momento. Entonces Pat empezó a preocuparse por perder el terrible trabajo en esta loca economía. Mientras se dirige al trabajo, lee las noticias, y todo cuanto sucede en el mundo es malo. Llega a su despacho más convencido que nunca de que el mundo se va al garete y no hay forma de salvarse. Con el día tan ocupado que le espera, decide que hoy no es un buen día para comenzar una práctica de positividad. Mañana será un día mejor para tomarse esto seriamente, y Pat saca un diario para escribir en él.

DÍA UNO

Ducharme me hace pensar en el agua limpia y caliente que consigo cada día. Me siento mal por la gente que no la tiene. Tal vez nuestra agua se termine. Quizás una bacteria mortal crezca en ella. De todas formas, ahora disfruto de ella porque se crearon sistemas de canalización y están funcionando. En el pasado, la gente tenía que esforzarse mucho para conseguir agua, pero yo la tengo sin esfuerzo porque el sistema funciona. Supongo que es algo bueno.

Tiempo de almorzar. Demasiadas cosas por hacer. Me lleva a pensar en un amigo que tiene cáncer de pulmón. ¿Tal vez debería hacerme una prueba general de cáncer? Necesito pensar en algo bueno, y debe ser ahora porque tengo una cita para almorzar. La idea de una revisión general me hace pensar en todas las partes corporales que tienen que funcionar para sobrevivir. Pueden salir mal muchas cosas, pero en este momento estoy bien y eso significa que muchos órganos de mi cuerpo funcionan bien. ¡Eso es algo bueno!

En la cama, pienso en lo poco que he hecho hoy. Pienso en la reunión del comité que se burló de mi trabajo, en la fiesta a la que no fui invitado... Los malos pensamientos llegan más rápido cuando me relajo. ¿Cómo puedo inventar ahora otro pensamiento positivo? Evocar esa desagradable reunión con el comité me hace recordar a la persona que me sonrió cuando el resto estaba quejándose. Le sonreí porque me estaba mirando. Eso pareció ser algo bueno. Ser comprendido por una persona durante un momento se percibe como algo positivo. ¿Por qué no me comprenden en todo momento? ¿Por qué la gente es tan...? Si pienso en eso no voy a poder dormir. Ese intercambio de sonrisas fue bueno. Fue un 3.

DÍA DOS

No puedo utilizar otra vez el pensamiento del agua. ¿Qué puedo inventar cuando nada importante ocurrió ayer y hoy va a ser un día duro? Mientras me visto, escucho en las noticias que la bolsa sube. No lo suficiente para que pueda jubilarme. Tal vez odie jubilarme. ¿Qué sucedería si me obligaran a jubilarme? De repente observo mi cascada de pensamientos negativos en respuesta a las buenas noticias. Me siento encantada conmigo misma por darme cuenta. Lo considero un 1.

124

El almuerzo ha terminado. No ha ocurrido aún nada nuevo. Odio la presión de tener que encontrar algo bueno. En la pantalla de la televisión, noticias sobre una guerra, niños que pasan hambre, alimentos de las ONG robados por bandas armadas... Me gustaría que los idiotas del poder hicieran algo. No estoy seguro de qué. No quiero que aumente la violencia. Si dependiera de mí..., no estoy seguro de lo que funcionaría. La gente ha robado la comida de otros a lo largo de la historia humana. Ahora hay ayudas. Las donaciones de alimentos llegan de muy lejos y la gente arriesga sus vidas por distribuirlas y por informar sobre las bandas armadas. Ya se han dado muchos pasos, y se darán más en el futuro. Crisis semejantes se han producido en otros lugares, por lo que también ésta probablemente se resolverá. El sufrimiento hasta entonces me vuelve loco. No estoy seguro de qué estoy loco. Supongo que es mi forma de sentir que estoy haciendo algo cuando no sé qué otra cosa hacer. Creo que puedo volverme loco y al mismo tiempo reconocer que se hace mucho bien.

Me invitan a ir a un bar después del trabajo, pero no deseo ir. Preferiría terminar asuntos pendientes. Sorprendido de preferir trabajar a salir en este momento. Es bueno que me guste lo que estoy haciendo y que me inviten. ¡Eso cuenta como 3 y 4!

DÍA TRES

Oigo un informe sobre economía mientras me preparo para ir a trabajar. Empiezo a preocuparme. Me doy cuenta de todo lo que me preocupo por las cosas buenas y por las malas. Es una montaña rusa emocional en la que me gustaría no estar. Apago la televisión. Al principio me preocupo por perderme algo. Después me doy cuenta de que bajarse de la montaña rusa es bueno. 1.

Recibo un mensaje de un amigo que cancela los planes para el fin de semana. Otra vez. Ni siquiera me da una explicación sincera. Esa amistad parece una causa perdida. Me siento mal. No puedo inventar nada bueno después de esto. Me sigo sintiendo mal por ello mientras me preparo la cena. He hecho una salsa fabulosa. Una buena salsa no compensa la pérdida de un amigo. No sé cómo arreglar eso, pero no sabía que podría hacer esta salsa hace unos minutos. La preparé sin necesidad de receta, por lo que supongo que tendré una nueva amistad sin ninguna receta. Es un 2.

125

Recibo otro mensaje de un amigo que necesita ayuda para llevar a cabo un proyecto. Empiezo a investigar, y en el momento en que termino es demasiado tarde para ver la película que planeé. Pero ayudar a un amigo cuando lo necesita es algo bueno, pienso. Y mientras investigo me topo con una tecnología de purificación de agua mediante energía solar con la que me siento bien. ¡Dos cosas buenas consecutivas! Me voy contento a la cama.

DÍA CUATRO

Mi primer pensamiento esta mañana ha sido: «Debo encontrar algo bueno». ¡Increíble! Me preocupo por si tengo prejuicios. Pero entonces me doy cuenta de que *no* buscar algo bueno es caer en el mismo prejuicio que buscarlo. Me sorprendo de que este hábito ya se haya convertido en algo permanente, tanto que no estoy seguro de que hoy ocurra algo bueno. Tal vez obtenga un ascenso, mi YouTube se convierta en viral, me inviten a ir al Festival de Cine de Cannes, y después quién sabe lo que ocurrirá. Estoy abierto a algo grande.

VUELTA AL DÍA UNO

¡Oh, no! Olvidé hacer mi práctica de pensamiento positivo durante los últimos días. ¿Cómo he dejado que ocurriera eso? Creo que puse el listón tan alto que nada parecía suficientemente bueno. Ahora lo entiendo. No necesito ir a Cannes para encontrar algo bueno a mi alrededor. Por supuesto me mantendré alerta en esta ocasión. Y contaré este momento de confianza como el número 1 de hoy.

Si este libro fuera una obra de ficción, ahora Pat sufriría un ataque cardíaco o una infidelidad sentimental que le afectara mucho. Y después seguiría algo reconfortante y un buen ascenso. Los grandes eventos llaman nuestra atención. Pero nuestras respuestas a éstos dependen de los circuitos que tenemos. Los circuitos negativos pueden mostrar lo peor de todo, por lo que es posible que estés listo con algunos circuitos positivos.

126

ACCIÓN PERSONAL

Consideremos este escenario: si fuéramos una gran estrella del mundo del entretenimiento, tendríamos un buen agente de una gran agencia que nos conseguiría importantes contratos. Concebiríamos grandes expectativas, y a veces nos decepcionaríamos. En otras ocasiones conseguiríamos el gran empleo, pero nos sentiríamos decepcionados cuando la recompensa se sintiera menos que el dolor. Nos preocuparíamos por perderlo todo al ver surgir nuevos competidores. Acudirían a nosotros nuevos agentes y podríamos decidir cambiar. Pero nuestra frustración continuaría independientemente de quién fuera nuestro agente.

En última instancia somos nuestro propio agente. Hacemos las llamadas difíciles y vivimos con las consecuencias. En lugar de esperar que todo vaya viento en popa y después frustrarnos, es mejor confiar en nuestra propia capacidad para orientarnos. Eso es difícil. Cuando las cosas no van como queremos, es natural sentirnos inseguros sobre el siguiente paso que debemos dar.

Es natural concentrarnos en lo que va mal y dar cosas por supuestas. Pero si disfrutamos siendo nuestro propio agente, podemos sentirnos bien incluso en un mar agitado.

. . . .

El cerebro humano dice:
Somos nuestros propios agentes. Hacemos las llamadas difíciles y vivimos con las consecuencias.
. . . .

Es más difícil confiar en nuestro piloto personal después de unas cuantas decepciones. A veces nos sentimos desafortunados en el amor el mismo día que sufrimos un contratiempo financiero. Es fácil empezar a esperar la decepción y culpar a los otros. Pero podemos entrenar nuestro cerebro para esperar recompensas a largo plazo, aunque no sean visibles en un corto período de tiempo.

Nuestros esfuerzos tienen efectos a largo plazo que no siempre podemos ver. Es natural sentirnos desanimados cuando éstos no obtienen resultados visibles inmediatos. Pero, precisamente, la mayor parte del bien para el ser humano procede de esfuerzos que no obtuvieron unos resultados visibles inmediatos. Hay muchos ejemplos de ello.

Innovación

Nuestra calidad de vida se basa en inventos ideados por personas que a menudo se sintieron decepcionadas durante su vida. Cuando estudiamos personajes históricos, suponemos que fueron agasajados mientras vivieron. Pero, en muchos casos, sus innovaciones fueron ignoradas o atacadas desde el principio. Incluso, cuando alguien innovador era valorado, solía esperar más de sí mismo y de los demás y, por esta razón acababa frustrado. Pero de todas formas estas personas siguieron adelante. Si los seres humanos sólo hiciéramos cosas para obtener recompensas a corto plazo, aún tendríamos gusanos en el intestino, estaríamos siempre en guerra con nuestros vecinos y moriríamos a la edad de treinta años. Por el contrario, nuestras vidas son cómodas porque muchas personas que vivieron antes que nosotros superaron la decepción.

Las buenas ideas suelen tener una mala reacción a corto plazo. Podemos decir que resulta injusto. Podemos declararnos en huelga hasta que consigamos lo que creemos merecer. O bien podemos plantar semillas y confiar en que darán sus frutos en un momento que no podemos predecir.

Crianza de los hijos

Los padres raramente obtienen la respuesta a corto plazo que esperan de sus hijos. Tal vez no vivas lo suficiente para ver cómo ellos aplauden tu sabiduría. Pero los niños se sienten fuertemente inclinados a imitar las conductas que ven en torno a ellos. Por tanto, en lugar de preocuparte por tener tan poca influencia sobre tus hijos, podrías considerar los riesgos de tener demasiada. Tus malos hábitos se reproducirán si olvidas que las jóvenes neuronas espejo te están observando. Sé consciente del cerebro de mamífero y te asegurarás de moldear la conducta que esperas que imitan tus hijos. Puede que no acojan tus buenos hábitos a corto plazo, pero puedes esperar que lo hagan con el tiempo.

Los niños tienden a imitar a sus padres de formas no obvias porque cada generación se concentra en sus propios retos para la supervivencia. Los mamíferos estamos diseñados para programarnos para el entorno en

128

que hemos nacido, y no para el de nuestros antepasados. Tus padres se adaptaron al mundo de su adolescencia, lo cual probablemente les generó frustración. No puedes contemplar el mundo a través de la lente de un niño nacido hoy. Las tempranas experiencias de tus hijos difieren inevitablemente de las tuyas. Pero formas una gran parte de la temprana experiencia de los hijos que tienes a tu lado. Si les inculcas buenos hábitos, te sentirás encantado con la recompensa que obtendrás a largo plazo. Como padre puedes invertir tus esfuerzos donde hacen el mayor bien: establecer el ejemplo que esperas será mielinizado.

Carrera profesional

Cuando yo era adolescente, no tenía buenos contactos y no pude conseguir un trabajo para el verano. Iba por todas partes pidiendo trabajo y nunca conseguía nada. Esos esfuerzos fueron recompensados de una forma que nunca experimenté en ese momento. Me programaron para la valiosa habilidad de buscar trabajo. Con veintitantos años, envié muchos currículos y obtuve bastantes respuestas en las que se me decía que guardaban mi currículo en su archivo. Puede que te sorprendas al saber que el teléfono sonó tres veces cuando hubo empleos por ocupar y leyeron mi currículo. Conseguí tres trabajos que no habría obtenido si hubiera pensado: «No hay archivos» o «No hay puestos de trabajo».

Los beneficios de la acción personal

No te estoy diciendo que inundes el mundo con currículos, ni que disfrutes de la indiferencia de tus padres, tampoco que te conviertas en inventor. Pero *deberías* concentrarte en tu siguiente paso, aunque tu último paso no obtuviera el resultado que esperabas. Por supuesto, te sientes mejor cuando el mundo recompensa inmediatamente tus esfuerzos. Pero si sólo esperas ese tipo de recompensas, te estarás limitando a las cosas que resultan atractivas a los animales. En su lugar, puedes utilizar tus neuronas extra para imaginar consecuencias que aún no son tangibles y seguir dando pasos hacia ellas.

Cuando el mundo no valora tus esfuerzos, puede parecer realista abandonar. «¿Por qué molestarse en un mundo tan revuelto?», suele preguntar la gente. Pero, cuando no lo intentas, no consigues nada. Tal vez digas: «Ves, sabía que no conseguiría nada». Y eso será cierto en tu pequeña porción de realidad. Los resultados a largo plazo de tus esfuerzos no pueden conocerse, por lo que no se sienten como una recompensa. Puedes ofrecerte una recompensa inmediata disfrutando del acto de elegir tus propios pasos. Si insistes en los resultados predecibles, acabarás cayendo en el cinismo. Pero puedes encontrar cosas buenas en tus propios pasos impredecibles.

El cerebro humano dice:
Consigues una recompensa ahora si disfrutas del acto de elegir tus propios pasos. Utiliza tus neuronas extra para imaginar consecuencias que aún no son tangibles y seguir dando pasos hacia ellas.

Resulta agradable «influir en algo», por supuesto. Pero si te sientes mal siempre que no lo consigues, puedes acabar fatal. Disfruta siendo tu propio agente. Puedes establecer objetivos realistas y sentirte bien cumpliéndolos en lugar de juzgarte siempre ante la necesidad propia del mamífero de conseguir más. La realidad importa, pero debes definir tus necesidades reales.

Independencia frente a oposicionismo

La acción personal comienza concentrándote en tus necesidades. Muchas personas ignoran sus propias necesidades y se concentran en las de otros. Éste suele ser el camino más rápido hacia el cinismo. Puede que tengas buenas intenciones, pero el hecho de que te concentres en otros no les obliga a que se concentren en ti. Si esperas que hagan esto, tus expectativas no son realistas. Ser tu propio agente sí es realista.

Debes cubrir tus propias necesidades físicas antes de poder concentrarte en otras recompensas. Si no lo haces, las sustancias químicas que se desencadenan ante las amenazas seguirán alterándote. Al ser tu propio agente, decides cómo dividir tu esfuerzo entre tu supervivencia física y la de tu esencia individual única. Pero no puedes esperar que otros cubran tus necesidades porque ellos son sus propios agentes. Es natural que los seres humanos se ayuden, pero «ayudar» no significa ser el agente de otra persona o esperar que ella sea el tuyo.

130

Puedes respetar el hecho de que otros se concentren en sus propias necesidades mientras tú te concentras en las tuyas. Como ellos, vives con las consecuencias de tus elecciones.

La acción personal es creativa, no combativa. Hace que te concentres en construir algo en lugar de en echarlo abajo. No necesitas luchar contra el mundo para que tus pasos sean valiosos. Tus viejos circuitos quizá se concentren en oponerse al mundo, pero puedes diseñar otros nuevos que se concentren en lo que estás construyendo. Ponerse furioso funciona cuando eres joven. Cuando con ello obtienes una recompensa, desarrollas circuitos que te facilitan el hecho de ponerte furioso. Enfrentarte a otras personas puede hacer que te sientas fuerte, y tu cerebro puede adoptar el hábito de enfrentarte a cosas. Pero las buenas sensaciones pasan, y una mayor oposición tal vez no te permita conseguir las recompensas que buscas.

El oposicionismo te limita a mantenerte en la posición de «anti», ya sea algo bueno o malo para ti. Si crees que debes ponerte furioso en relación con los esfuerzos que te importan, tu energía se invertirá en ponerte furioso. Si crees que debes construir cosas, te concentrarás en construir.

. . . .

El cerebro humano dice:
La acción personal es creativa, no combativa. Hace que te concentres en construir algo en lugar de en echarlo abajo.
. . . .

Tu acción personal permanece concentrada en tu paso siguiente, aunque el mundo te decepcione. No puedes predecir siempre lo que funcionará, pero sí dar otro paso. Eres libre de abandonar la prisión de las expectativas a corto plazo y dirigirte hacia otra dirección. Tal vez sí, o tal vez no, te permita conseguir las recompensas que buscas. Quizá sí, o quizá no, te permita conseguir el respeto de tus amigos y familia, que son, a su vez, sus propios agentes. Puede que el mundo no cubra tus necesidades, pero tal vez encuentres una forma de hacerlo si das otro paso.

EXPECTATIVAS REALISTAS

En cierta ocasión, un elefante me enseñó el valor de las expectativas realistas. Con motivo de su decimosexto cumpleaños, los guardianes del zoológico que querían celebrar esta importante fase de la vida de un elefante macho, le regalaron una tarta de cumpleaños . El elefante la engulló en cuestión de segundos. Para un animal que vive de las ramas de los árboles aquella tarta contenía más calorías que las que podía conseguir en días. Seguramente, su cerebro respondería con un subidón de dopamina que le haría decir: «¡Guau! ¡Esto cubre mis necesidades! ¡Quiero más!». Durante bastante tiempo, su cerebro buscará esa explosión de placer porque la dopamina conecta las neuronas que generan expectativas, seguirá buscando tartas y sintiéndose decepcionado.

Es natural que tu cerebro busque más de aquello con lo que se ha sentido mejor. Mientras disfrutas de tu tarta, es normal que tu mamífero interior diga: «¡Así puede ser la vida siempre!». Pero, si comparas constantemente lo que hay en tu plato con ese tipo de momentos especiales, pasarás la mayor parte de tu vida decepcionado.

Una experiencia social importante conlleva tantas cosas buenas como una tarta, y te proporciona la sensación de que todo va bien en el mundo. Pero, si esperas sentirte así en todo momento, te parecerá que algo va mal al no lograrlo. Cuando consigues respeto, crees que las cosas deberían ser siempre de este modo. Pero, si esperas aprobación y admiración en todo momento, acabarás sintiéndote como si el mundo te ofendiera. ¿Ves cómo funciona esto? Cuando buscas una tarta y la consigues, parece que tienes el mundo bajo control. Sería muy agradable tener esa sensación en todo momento, pero eso no es realista, y si lo esperas creerás que el mundo está fuera de tu control.

Todos tenemos momentos cumbre en que disfrutamos de las sustancias químicas de la felicidad. Triunfamos a la hora de aparearnos, criar a los hijos, lograr objetivos y gozar de confianza social. Las sustancias químicas de la felicidad se segregan en grandes cantidades, pero eso no dura mucho tiempo.

Si esperas sensaciones cumbre en todo momento, sentirás que algo va mal en muchas ocasiones. Es más realista esperar que éstas lleguen y se marchen. Siempre necesitamos buscarlas porque nos guían para cubrir

132

nuestras necesidades. Pero también debemos saber que, mientras las buscamos, se mueven sin cesar. Podemos dejar de pensar que algo va mal cuando no las tenemos. Eso es ser realista.

. . . .

El cerebro humano dice:
Si esperas sensaciones cumbre en todo momento, sentirás que algo va mal en muchas ocasiones. Es más realista esperar que éstas lleguen y se marchen. Siempre necesitamos buscarlas porque nos guían para cubrir nuestras necesidades. Pero también podemos saber que, mientras las buscamos, se mueven sin cesar.
. . . .

Lograr establecer expectativas realistas es más difícil de lo que parece, porque en el momento en que se disipa una sensación cumbre, todas las amenazas de la vida afloran a tu conciencia. Terminas con una abrumadora sensación de confianza, y con la idea de que debes tener otro momento cumbre para estar seguro. No es fácil controlar este generador neuroquímico que hemos heredado, pero entender a tu mamífero interior te puede ayudar a evitar los obstáculos de la decepción, las expectativas poco realistas y el cinismo.

Tu gran corteza

Tus respuestas de mamífero no siempre suponen una buena guía ante la realidad, pero tampoco puedes limitarte a ignorar tus sustancias químicas cerebrales. Tu cortisol se hará notar si lo haces. El cerebro de mamífero ha evolucionado para atraer tu atención, y hará que la alarma suene cada vez más si cree que no está cubriendo una necesidad para la supervivencia. Sin embargo, puedes utilizar tu gran corteza para dirigir tu cerebro de mamífero hacia expectativas más realistas.

La corteza humana puede generar una realidad que vaya más allá de los hechos que llegan a tus sentidos. Puede decirte, por ejemplo, que atiborrarte de tarta todos los días no es realista, que esa tarta es mala para tu supervivencia, aunque haga que te sientas bien. Tu corteza incluso puede reconocer que un aporte interminable de tarta no desencadenaría una secreción ilimitada de dopamina. Si has conseguido una tarta todos los días, la excitación decaerá rápidamente hasta que no quede nada de ella; sólo una decepción terrible si la pierdes.

Cuando tu cerebro de mamífero ha aprendido a esperar una tarta, tu corteza puede desarrollar una expectativa nueva y distinta. No es fácil para ella construir un circuito nuevo sin una secreción de sustancias químicas de la felicidad para allanar el terreno, pero la repetición puede conseguir que el nuevo circuito sea suficientemente fuerte para competir con el antiguo. Tu cerebro verbal puede recordar a tu mamífero interno que una amenaza no es real, pero tiene que recordárselo una y otra vez. Esto no significa que debas ignorar a tu mamífero interno, porque la corteza también tiene sus limitaciones.

La corteza busca patrones, y eso es todo lo que hace. No estimula ninguna sustancia neuroquímica propiamente suya. Una corteza más grande puede recombinar viejos patrones y descubrir otros nuevos, pero no percibe si un determinado patrón es bueno o malo para ti. Sólo transmite la información al cerebro de mamífero. Tenemos estos dos sistemas cerebrales porque los necesitamos. Tu agente personal utiliza ambos para decidir cuál será tu próximo paso.

Concentra tu corteza en expectativas realistas

Puedes concentrar el poder de búsqueda de patrones de tu corteza donde elijas. Cuando la concentras en el mundo externo, puedes perderte información interna. Pero si sólo te concentras en el interior, puedes perderte información sobre aspectos del mundo que te rodea. Necesitamos ambos recursos para concebir expectativas realistas. Tu agente personal siempre está eligiendo dónde concentrar tu atención, y sea lo que sea lo que elijas, ésa es la realidad que conocerás.

Si decides no concentrarte en la tarta, tienes que elegir otro objetivo. El impulso de concentrarte en las amenazas no te sirve, por lo que conlleva algo de esfuerzo encontrar una alternativa. Tu cerebro necesita algo que buscar porque no puede permanecer sin hacer eso. Necesitas un objetivo positivo, o acabarás con uno negativo.

A continuación te ofrezco un ejemplo personal para adaptarse a las expectativas. A veces enciendo mi ordenador y descubro algún correo halagador de un lector. Eso me hace sentir bien, como la tarta de cumpleaños para el elefante del que hablábamos antes. La próxima vez que

134

encienda mi ordenador, mi cerebro naturalmente esperará algún regalo fabuloso. Puede sentir una gran decepción si dejo que mi electricidad fluya de esa forma. Debo construir activamente una expectativa alternativa que sea más realista. Por tanto, siempre que enciendo mi ordenador me recuerdo que me gusta el trabajo que hago, y que conllevará recompensas que tal vez no vea a corto plazo. Ahora mi cerebro dispone de una alternativa a sentir que algo va mal cuando no hay tarta.

Todos aspiramos a ser respetados y valorados por parte de los demás, porque nuestro cerebro de mamífero depende de ello. Las necesidades sociales no se satisfacen tan fácilmente como las físicas. Cuando necesitas agua, te quedas satisfecho en cuanto la consigues. Pero, cuando obtienes apoyo social, tu mamífero interno desea más. En el estado de naturaleza, las decepciones sociales constituyen una forma de información realista sobre cómo difundes tus genes. Pero, en tu realidad actual, las decepciones sociales no son amenazas para la supervivencia. Tienes que recordártelo una y otra vez.

. . . .

El cerebro humano dice:
Las decepciones sociales no son amenazas para la supervivencia. Tienes que recordártelo una y otra vez.
. . . .

En ocasiones, recibo una nota que demuestra una profunda comprensión de algo que he escrito. Mi nivel de las sustancias químicas de la felicidad aumenta cuando me entienden, aunque se trate sólo de letras en una pantalla. Ser comprendido es algo poderoso. Nuestros cerebros vinculan el hecho de ser comprendidos con la supervivencia, desde los primeros momentos de la vida. Nada más nacer, tu angustia se aliviaba cuando otros entendían tus necesidades. Intentabas comunicarlo, y aprendiste que ser comprendido conlleva conseguir recompensas. Pero esta buena sensación no es una guía completa de supervivencia durante la edad adulta porque la gente que nos rodea a menudo no nos entiende. Si invirtiera toda mi energía en buscar la comprensión de los demás, podría dejar de lado las necesidades que puedo cubrir yo mismo. Cuando no nos entienden, podemos aprender de la mala sensación, pero, si lo consideramos una ame-

135

naza para la supervivencia, viviremos efectivamente en un mundo lleno de amenazas. Nos sentiremos mejor si construimos expectativas realistas sobre nuestras sustancias neuroquímicas propias de los mamíferos.

Siempre nos movemos entre las altas y las bajas expectativas. Apuntar alto puede conllevar una decepción a corto plazo, pero apuntar bajo puede frustrarte a largo plazo. Ningún camino está libre de decepciones, pero puedes conseguir más cosas de las que buscas ajustando continuamente tus expectativas a las nuevas experiencias. Eso es difícil porque las expectativas no se anuncian mediante palabras. Pero, cuando nos concentramos en ellas, también crece nuestro poder sobre ellas.

Las expectativas poco realistas sobre normas y leyes están muy extendidas. Puede que una regla te guste cuando se aplica a otros y no a ti. Quizá te sientas frustrado cuando una regla te afecta e ignoras todas las ocasiones en que te beneficia. Por ejemplo, las normas de aparcamiento son frustrantes cuando no puedes encontrar ningún sitio para tu coche. Estas normas te benefician motivando a otras personas a abandonar sus lugares. Pero no damos las gracias a las normas cuando logramos encontrar un lugar donde aparcar. Tendemos a pasar por alto el bien que conseguimos con las normas y que nos concentramos en el dolor. Pero, cuando hacemos eso, entrenamos a nuestro cerebro a ver un sistema y un mundo negativos, aunque ese sistema promueva nuestra supervivencia. Si nos concentramos en cómo nos beneficiamos de él, el cerebro aprende a observar las cosas buenas que nos rodean. Nuestro agente personal puede desarrollar estos circuitos con los que nos sentimos bien, con voluntad y repetición.

. . . .

El cerebro humano dice:
Entrenamos a nuestro cerebro a ver un sistema y un mundo negativos, aunque ese sistema promueva nuestra supervivencia. Si nos concentramos en cómo nos beneficiamos de él, el cerebro aprende a observar las cosas buenas que nos rodean. Nuestro agente personal puede desarrollar estos circuitos con los que nos sentimos bien, con voluntad y repetición.
. . . .

La gente suele terminar con una mala sensación porque el cerebro de mamífero se concentra en aquello que le falta. Se compara con otros y

136

«lleva la cuenta». Una decepción sobre el hecho de seguir adelante puede percibirse como una amenaza para la supervivencia cuando no tenemos más amenazas a nuestro alrededor. Con un cerebro como éste no resulta realista esperar sustancias químicas de la felicidad en todo momento, pero sí utilizar nuestro poder para construir nuevas rutas a través de nuestra selva de neuronas.

EL PRIMER PASO, Y EL SIGUIENTE DESPUÉS DE ESO

¡Comienza hoy tu hábito de APER![2] No esperes a que las cosas surjan solas, a que tus amigos y familiares crean que es una buena idea. No esperes a tener una clara representación de adónde se dirige esto. Limítate a dar el primer paso.

Una cabra montesa prospera porque se concentra en sus pasos, no en lo amenazante de la montaña. Un mono prospera concentrándose en la siguiente rama, en lugar de mirar hacia abajo, una gacela, concentrándose en los leones reales, y no pensando en los leones en general. Tú puedes prosperar concentrándote en el camino que tienes delante. Llegas a elegirlo. Tus pasos serán firmes si te concentras en los obstáculos que tienes ante ti, y no en pensar en todos los obstáculos en general. Puedes disfrutar del acto de elegir tus pasos, aunque transites por un camino lleno de obstáculos.

El líder que modernizó China, Deng Xiaoping, hablaba de «cruzar el río sintiendo las piedras». Tu siguiente piedra puede ser poco segura, y las que vengan después no sabes cómo serán, pero de todas formas puedes elegir por dónde vas. Puedes esperar que otros se instalen, comprueben y documenten las piedras antes de que tú cruces el río. Tal vez repruebes a los demás cuando estas expectativas se vean frustradas. Pero es bueno recordar tu poder para seguir adelante controlando las piedras que hay en un momento determinado.

Puede que te caigas y que aterrices sobre el fango. Mientras estás ahí, conocerás a personas que están atrapadas en él. Tu cerebro observa de forma natural y aprende de ellas. Quizá te digan que es imposible salir de ahí. Si

---

2. APER: Acción Personal y Expectativas Realistas. *(N. del T.)*

las imitas, puedes convertirte en un experto en la imposibilidad de salir del fango. Es posible que ansíes escapar de la humedad y el frío, pero también sientes cierto apego por tus compañeros del fango. Tal vez esperes quedarte en él. Afortunadamente, puedes utilizar el hábito de APER con tu Acción Personal y Expectativas Realistas.

Utiliza el hábito de APER y conseguirás las ERAP

Las Expectativas Realistas conducen a la Acción Personal. Con expectativas realistas sobre ser un mamífero entre mamíferos, damos un paso adelante en el hecho de cubrir nuestras necesidades en lugar de esperar que el mundo dé el paso por ti. Es posible que no consigas lo que buscas, pero el primer paso dispara tu dopamina, lo cual lleva al siguiente paso. Actuar personalmente te libera de la expectativa de que eres una víctima de las circunstancias. No te sientes impotente porque tienes poder para dar pasos que te hagan segregar dopamina, serotonina y oxitocina.

Cuando caes en el fango, tu circuito de acción personal te recuerda que ya caíste antes y conseguiste salir. Las personas han caído en el fango durante toda la historia de la humanidad y han salido de él. «Es peor en esta ocasión», te dice tu cortisol. En lugar de concentrarte en la sensación de que «algo va mal», concéntrate en tu siguiente paso. Puedes permanecer abierto a nueva información. Desarrollarás nuevas expectativas.

Mientras te encuentras atrapado en el fango puede que veas a personas adelantándote al pasar por las piedras. Tal vez pienses que ellos tienen las buenas piedras y tú las malas. Quizá creas que los idiotas del poder deberían haber construido un puente sobre el río. Puede que pienses que la crisis es inevitable. Buscas apoyo social, y descubres que todos los que te rodean hablan sobre la crisis, los estúpidos líderes y las piedras malas. Con tu atención concentrada en estas cosas no verás modo de avanzar. Pero, cuando cambias tu atención a los detalles que tienes delante de ti, verás un pequeño punto de apoyo.

Tu cerebro carece del ancho de banda necesario para maldecir al río y cruzarlo al mismo tiempo. Invierte tu ancho de banda en tu siguiente paso y te gustarán los resultados. Cada paso es valioso independientemente de que te encuentres a un paso de tu objetivo o lejos de él. Persevera y llegarás a donde quieras.

138

Tu mejor agente propio

Es probable que no vayas a quedarte literalmente hundido en el fango dentro de poco. Pero puedes utilizar el hábito de APER también para avanzar en las situaciones reales de tu vida.

Cuando las cosas son más difíciles de lo esperado, pienso en el karma de aparcamiento de mi marido. Él es un afortunado a la hora de aparcar. Yo me preguntaba siempre cómo lo hacía hasta que me di cuenta de que se queda con la primera plaza disponible en lugar de dar vueltas para buscar un sitio bueno. Nunca quebranta la ley ni roba a otros. Simplemente se anticipa a las oportunidades y se siente encantado con lo que encuentra. Yo también decidí ser una afortunada. Ya no dudo sobre la suposición de que encontraré algo mejor. En lugar de malgastar la energía dando vueltas, me quedo con lo que encuentro y me siento encantada con mi decisión.

En realidad, a veces tengo que darme un largo paseo desde mi buen lugar de aparcamiento. Incluso puedo pasar por lugares mejores y me siento tentada a criticarme por no haberlo hecho mejor. Entonces activo rápidamente mi circuito de positividad, el que dice que caminar es mejor que dar vueltas. Decido sentirme bien por mis elecciones y no invertir mi energía en optimizaciones interminables. He hecho esto tantas veces que empiezo a sentirme bien por mis elecciones. Eso es lo que hago.

Deberías tener en cuenta que te sentirás estupendamente cuando por fin cruces el río o consigas un buen lugar donde aparcar, pero la sensación no durará mucho. Tu mente observará un lugar más verde para pastar o la orilla lejana de otro río. No hay ningún puente, pero tú decides darle una oportunidad y dirigirte a ese pasto más verde. Los riesgos y las recompensas son difíciles de predecir, pero sigues actualizando tu información y concentrándote en el paso siguiente. ¡Eres una persona positiva!

Resumen científico

La negatividad es un camino físico real de tu cerebro, pero en su lugar puedes construir una ruta positiva. Tu cerebro siempre mira el mundo a través de la lente de los caminos disponibles que tienes, porque es imposible procesar todos los detalles que te rodean. Tal vez pienses que el pensamiento positivo está sesgado, pero cuando comprendas a tu mamífero interno te darás cuenta de que tu lente negativa estaba sesgada y necesitaba corregirse.

- Construye un hábito positivo proporcionando a tu cerebro una serie de estímulos. Tres veces al día deja de hacer lo que estés haciendo y piensa en algo bueno que ocurra en tu vida.

- En última instancia, tú eres tu propio agente. Tú tomas las decisiones difíciles y manejas las consecuencias. Puedes disfrutar del acto de ser tu propio agente y no concentrarte en las decepciones inevitables.

- Tus esfuerzos a menudo no logran resultados visibles inmediatos, por lo que resulta útil saber que suelen tener efectos a largo plazo que no puedes ver. Es natural desanimarse cuando no se ven resultados, pero la mayor parte de las cosas buenas que nos ocurren a los humanos proceden de esfuerzos que no obtuvieron resultados visibles inmediatos.

- Cuando consigues lo que buscas te sientes como si el mundo estuviera bajo tu control. Pero esa situación no es realista, y si esperas eso acabarás sintiendo que el mundo está fuera de tu control.

- Dar pasos para cubrir tus necesidades se percibe como algo bueno. Resulta tentador retrasarlos hasta que encuentres un camino de completa certidumbre porque la corteza humana puede imaginar una ruta de ese tipo. Pero el mundo real nunca cumplirá esta expectativa, por lo que resulta bueno saber que tu mamífero interno está diseñado para cubrir las necesidades dando un paso cada vez.

CAPÍTULO 7

EL CAMINO HACIA UN CEREBRO POSITIVO

*Entrena tu cerebro para reconocer los pensamientos positivos
y adoptar soluciones.*

Probablemente hayas oído decir que el mundo está a punto de colapsar toda tu vida. Tal vez puedas enumerar diez crisis en diez segundos. Es cierto que nuestro mundo incluye amenazas que requieren atención, pero los humanos seguimos aquí porque continuamos resolviendo los problemas. Sin embargo, nadie parece sentirse bien cuando conseguimos solucionarlos satisfactoriamente. Es más común tener una sensación de fatalidad.

«Nada puede arreglarse ahora», suele decirse. Acostumbramos a ver el mundo a través de las gafas de crisis que nos hemos hecho. En este capítulo encontrarás formas positivas de manejar estas amenazas percibidas. Aquí se apoya la mentalidad positiva, si te atreves con ella. No se prescriben soluciones, sólo un modo de concentrarse en éstas en lugar de en las crisis. Puedes ser realista y transcender la negatividad incluso teniendo en cuenta las molestias.

GAFAS DE CRISIS

Si señalas con el dedo aleatoriamente a un punto temporal de la historia humana, estarás señalando un momento en que la gente decía: «Las cosas van mal en este momento y los idiotas que nos mandan no saben lo que hacen». Es probable que estés oyendo eso mismo justamente ahora. Quienes anuncian la crisis en tu entorno puede que digan: «En esta ocasión es diferente; ahora esos idiotas la han liado de verdad». Es difícil evitar las gafas de crisis por todas estas razones:

- Sabemos que moriremos. El fin está cerca desde la perspectiva de tu cuerpo mortal. No piensas eso conscientemente, pero recordar tu condición de mortal desencadena sustancias químicas que le dicen a tu cerebro que busque amenazas.
- Un mamífero se siente amenazado cuando sus compañeros de grupo se sienten amenazados. Las gafas de crisis compartidas generan la agradable sensación de pertenencia que buscan los mamíferos. Te arriesgas a perder esos vínculos si ignoras las llamadas de alarma de tus compañeros, por lo que hay un fuerte incentivo para sentirse amenazados cuando les sucede a otros.
- Informar sobre amenazas conlleva recompensas sociales, por lo que oímos muchos informes de amenazas. Nuestros cerebros están habituados a las viejas amenazas, por lo que la gente tiene que informar de amenazas mayores para conseguir recompensas. Ese tipo de informes nos rodean en la ficción (películas, programas de televisión, literatura…) y en la realidad (noticias, política, investigación), y podemos añadir fácilmente nuestros propios informes de amenaza mediante las redes sociales.
- Puede que te hayan enseñado que esa crisis es buena porque ayuda a destruir la antigua sociedad «mala» y abre el camino para el nuevo «mundo mejor». Esta perspectiva te entrena a esperar la crisis, y tu corteza puede encontrar fácilmente pruebas para defender dicha expectativa. Lamentablemente, la expectativa de las recompensas al final de la crisis te distrae del hecho de ver más alternativas positivas a ella.

142

- El cortisol le dice a tu corteza que busque pruebas de la amenaza. Tu cortisol es bueno en la tarea de encontrar lo que busca. Cuando te sientes mal, halla algo malo para explicar la sensación.
- Cuando dices: «Las cosas están peor que nunca», estás olvidando cómo fueron en el pasado. Y, aunque aprendieras de verdad cómo fueron entonces, los eventos descritos en los libros de historia no desencadenan las sustancias químicas de la amenaza de la forma en que lo hacen las frustraciones actuales. Los retos de hoy siempre se perciben como peores, incluso cuando conocemos todos los hechos históricos, que indican lo contrario.

Muchas personas creen que su sensación de la crisis es una forma de ayuda. Incluso hablan con dureza de quienes no la comparten. Es posible que te acusen de no ayudar si te quitas tus gafas de crisis.

Pero tú puedes quitártelas de todas formas.

Puedes disfrutar de un sentido de logro en lugar de una sensación de crisis. Cuando oyes a la gente discutir sobre el estado del mundo, puedes recordar que son mamíferos. Sus cerebros intentan estimular las sustancias químicas de la felicidad y evitar el dolor de formas que les funcionaron antes. No es fácil ser un mamífero. Pero puedes enseñar a tu mamífero interior a concentrarse en las cosas positivas, lo hagan o no los demás.

. . . .

El cerebro de un mamífero dice:
No es fácil ser un mamífero. Pero puedes enseñar a tu mamífero interior a concentrarse en las cosas positivas, lo hagan o no los demás.
. . . .

Cada uno de nosotros decide qué hacer con su cerebro, independientemente de lo que decidan los otros. La decisión positiva es poco común, por lo que es difícil imaginarla. A continuación, expongo un sencillo experimento que resulta útil. Imagina los púlpitos vacíos en Speakers' Corner,[3] en Londres. Imagina que te subes a uno de ellos y dices: «Todo se va al

---

3. Speakers' Corner, o «rincón del orador», es una zona de Londres donde se permite hablar en público a cualquiera, siempre que no viole la ley. *(N. del T.)*

143

garete». Después te subes a otro y dices: «Solucionaremos nuestros problemas». ¿Se siente uno más cómodo en el púlpito en el que sostiene que todo se va al garete? ¿Se siente más expuesto al ridículo cuando defiende la solución de los problemas? ¿Te imaginas siendo considerado inteligente y comprensivo cuando adviertes de la inminente crisis, pero acosado cuando proclamas un futuro positivo? Es fácil imaginar a los acosadores diciendo: «¿Qué hay sobre la crisis climática?», «¿Qué sucede con la crisis económica?», «¿Qué ocurre con la crisis social?». Examinemos cómo puedes concentrarte en las soluciones en lugar de ocupar el púlpito propio de un cínico.

¿QUÉ HAY SOBRE LA CRISIS CLIMÁTICA?

Cuando yo era joven, salía humo negro de mi coche y caía lodo negro en los ríos de mi localidad.

Cuando mi abuela era joven, el polvo del carbón dejaba una película negra en su casa y en sus pulmones. El lodo negro rodeaba su hogar porque no había tuberías para conducirlo hasta el río.

Actualmente nos preocupamos por las emisiones de dióxido de carbono porque se ha conseguido acabar con las más sucias. Somos libres de preocuparnos de las amenazas que sucederán a largo plazo porque han aparecido otras más inmediatas. Nos preocupamos por el plástico que termina en los ríos y en el mar, y hacemos bien. Pero en el agua antes había materiales más tóxicos. Podemos valorar las mejoras. Muchas personas piensan que resulta útil desatar una sensación de crisis sobre la contaminación. Pero hacer eso oscurece el éxito extraordinario de las medidas anticontaminación que se tomaron en las pasadas décadas. Ignorar ese éxito tan extraordinario no es útil.

La sensación de «hacer algo» por nuestro planeta no es útil, pero puede ser un sentimiento positivo en lugar de negativo. No es realista esperar recursos ilimitados, por lo que conservar los naturales sí lo es. Todas las personas toman medidas para utilizar menos recursos. Podemos hacer eso sin sentir indignación por el sistema o albergar el miedo de una destrucción inminente. Podemos hacerlo con buenos sentimientos como la eficiencia o la creatividad.

144

Esto resulta difícil de hacer cuando toda la información es negativa. A continuación ofrezco algo de información positiva sobre la sostenibilidad, que puede ayudar a poner los puntos negativos en contexto.

La población disminuye

Se ha predicho que la población mundial empezará a disminuir dentro de unas décadas. Se trata de un logro colosal. Algunos insisten en que no ocurrirá con la suficiente rapidez como para evitar el colapso. Otros insisten en que tendrá lugar demasiado rápidamente y causará un bloqueo económico. Esa negatividad oculta las buenas noticias. Detengámonos para valorar la magnitud de este logro. Hemos adoptado un cerebro que se preocupa principalmente por la reproducción y le hemos enseñado a limitarla al nivel del reemplazo. Bajar de los niveles del reemplazo ayudará a la sostenibilidad aún más. Ésa es una gran noticia. Si la conviertes en una mala noticia, es un hábito que puedes superar.

Las empresas son alianzas sociales de los mamíferos

A menudo oigo decir que la Tierra está amenazada por empresas malvadas que se dedican a la dominación mundial. Colocar a las empresas en el papel del depredador y de quien abusa ayuda al cerebro de los mamíferos a dar sentido a su mundo. Nos ayuda a explicar nuestras frustraciones de mamífero con la dominación social. También nos ayuda a unirnos contra enemigos comunes, y a desahogarnos con objetivos seguros en lugar de con los depredadores letales. Culpar a las empresas de las amenazas ofrece a nuestro cerebro de mamífero la agradable y segura sensación de saber de dónde proceden las amenazas. Pero esto limita nuestra información, por lo que en realidad no nos hace más seguros. Cuando entendemos cómo actúa el cerebro de los mamíferos, sabemos que las empresas forman con nosotros una alianza social como cualquier otra. Todos los grupos de mamíferos afrontan dinámicas similares, incluyendo los grupos a los que pertenecemos. Hemos aprendido a ignorar el constante estruendo de la alarma ante los depredadores y hemos elegido nuestra propia información.

Expectativas de sostenibilidad

La conciencia actual de sostenibilidad es un logro enorme. En el pasado, la gente explotaba los recursos de la Tierra para sobrevivir, y también lo hacían los animales. La armonía con la naturaleza es un producto de la imaginación poética. Por ejemplo, oímos decir que los elefantes ayudan al entorno porque sus excrementos generan suelos donde cultivar, pero ellos también destruyen su entorno a una velocidad mucho mayor. Los elefantes no reprimen su impulso de consumir naturaleza a un ritmo mayor de la que ésta se regenera, pero los humanos estamos aprendiendo a reprimirnos de este modo. En el pasado, cazábamos todo lo que podíamos, pero actualmente la caza de animales salvajes está regulada en todo el mundo. Las regulaciones aún no están vigentes en todas partes, por lo que quedan tareas por hacer. Podemos conseguirlo mucho mejor con expectativas realistas.

¿QUÉ SUCEDE CON LA CRISIS ECONÓMICA?

Cuando mi madre era joven se preocupaba por quedarse sin comida antes del día de la paga. Cuando su abuela era joven, la gente se preocupaba por quedarse sin comida antes de la siguiente cosecha. Cuando yo era joven me preocupaba por tener hambre si me hallaba lejos de casa, y me llevaba tentempiés en lugar de gastar dinero en un restaurante. Escribía cartas a mi familia desde la universidad, en lugar de gastar dinero en llamadas telefónicas de larga distancia. Crecí en un hogar con un solo cuarto de baño, una televisión y un teléfono. El umbral actual de pobreza es más alto, pero yo me sentía rica porque conseguía guardar el dinero de mis tareas extraescolares, en lugar de utilizarlo para ayudar a mi familia.

Cuando me fui de casa, viví en apartamentos con superficies mohosas en las cocinas y los cuartos de baño, pero estaba encantada de tener mi propio espacio. Cuando conseguí mi primer empleo, compré algunas cosas que se estropearon en poco tiempo, pero estaba entusiasmada porque pronto tendría otro cheque con mi sueldo. Y cuando mi puesto de trabajó peligró, estaba contenta de saber cómo vivir con poco dinero, y por ello pude dejar de trabajar.

Hablar sobre la crisis económica es algo tan generalizado que la gente parece asociar reflexivamente la economía con el dolor. Culpan a la economía del dolor de la decepción social que forma parte de la vida de todo mamífero. No es realista esperar que la economía nos haga felices,

146

porque el cerebro de un mamífero siempre está buscando. A continuación os ofrezco algunas formas de sentirnos bien por la economía y de superar los malos sentimientos.

. . . .

El cerebro humano dice:
Hablar sobre la crisis económica es algo tan generalizado que la gente parece asociar reflexivamente la economía con el dolor. Culpan a la economía del dolor de la decepción social que forma parte de la vida de todo mamífero. No es realista esperar que la economía nos haga felices, porque el cerebro de un mamífero siempre está buscando.
. . . .

Positividad en el trabajo

Queremos que el trabajo sea divertido, pero éste no suele ser divertido porque nos sentimos controlados. Es fácil sentir que nuestra supervivencia se ve amenazada cuando nuestro trabajo es juzgado, aunque nosotros también juzgamos el trabajo de otros en todo momento. Todos estos actos de juzgar el puesto de trabajo nos benefician de formas que raramente consideramos. La calidad de los bienes y los servicios se ha elevado, pero nuestra expectativa de que todo sea perfecto conlleva que vivamos con estrictos controles de calidad en el trabajo. Si nuestro banco comete un error nos sentimos molestos, pero no somos conscientes de los miles de millones de transacciones correctas que lleva a cabo ese banco. Si los trabajadores de un restaurante cometen un error alguien se sentirá molesto, pero si se sirven cien comidas correctamente lo damos por supuesto. No nos sentimos bien por los baremos de alta calidad de que disfrutamos porque estamos ocupados buscando defectos y sintiéndonos juzgados. La estrategia de «cero defectos» del control de calidad nos enseña que cualquier defecto es una crisis.

Yo explicaba esta estrategia cuando era profesora de Administración de Empresas, y ahora desearía haber enseñado a la gente a observar que la mayor parte de los procesos funcionan bien, a pesar de los errores ocasionales que se cometan.

147

Positividad en cuanto al dinero

Las personas temen quedarse sin dinero cuando sean ancianas. No obstante, las expectativas sobre el coste de envejecer pueden crecer de forma poco realista. Si necesitas ayuda, el coste incluirá especialistas con títulos de máster que te animarán a permanecer activo. Incluirá empleados para recoger cualquier cosa que se te caiga porque no se te permitirá inclinarte y recogerlo tú mismo. Y si te inclinas y te caes, te llevarán al servicio de urgencias médicas, te hayas lesionado o no. Las medidas extremas se convierten en «necesidades» cuando las organizaciones temen posibles demandas. Esta inflación ha afectado a todas las fases de la vida, desde el nacimiento hasta la muerte. En el pasado, la gente pasaba por las fases de la vida sin contar con la guía de expertos actual. Pero hoy en día parece demasiado peligroso controlar el nacimiento, la educación, la carrera profesional, el matrimonio y el envejecimiento sin grandes cantidades de servicios de expertos. Si pasamos nuestra vida preocupándonos por la escuela, el trabajo y la casa adecuados, probablemente también nos preocuparemos por el asilo adecuado. Esto no es culpa de la economía. Preocuparse por quedarse sin dinero antes de morir es una distracción del miedo real de que nos vayamos antes que el dinero. La economía no puede solucionar eso por nosotros, por lo que, en lugar de concentrarnos en el dolor que hay al final del camino, prestemos atención a los placeres que nos producen los pasos que hay a lo largo del camino.

Positividad sobre el estatus social

Todos los mamíferos desean respeto, y actualmente a menudo lo buscamos en nuestra carrera profesional. La búsqueda es tan frustrante que no nos damos cuenta de que era mucho peor en la época en que nos ganábamos el respeto triunfando en peleas a puñetazos, teniendo todos los hijos que fuera posible o ingresando en una rígida jerarquía (como el sacerdocio, el ejército o la aristocracia). El cerebro de un mamífero disfruta de una gran sensación de dominación social cuando se eleva el estatus de su puesto de trabajo. Cuando no conseguimos los ascensos que esperamos en nuestra carrera profesional, lo percibimos como una amenaza para la supervivencia. La sensación de amenaza se queda con nosotros, pero las buenas sensaciones terminan cuando nuestra atención se concentra en el siguiente objetivo. El cerebro de mamífero seguirá buscando el

148

estatus social y vigilando las posibles amenazas. La economía no ha causado esto y no puede ofrecerte una secreción constante de serotonina.

Positividad sobre el progreso

El progreso se suele utilizar como una palabra con un significado negativo. La gente se concentra tan fácilmente en el lado negativo del progreso que ignoran el dolor que había antes de su aparición. Podemos imaginar a nuestros antepasados en el Jardín del Edén, viviendo sin esfuerzo de lo que les proporcionaba la tierra. Los investigadores alimentan esta fantasía e ignoran las pruebas del aspecto opuesto. Nuestros ancestros vivían con continuas restricciones de comida, invasiones y plagas. Raramente tenían un «trabajo», en el sentido de contar con unos ingresos garantizados por otra persona. Un granjero o artesano vivía con el riesgo contante de no producir lo suficiente para cubrir sus necesidades de supervivencia. Actualmente esperamos que los empresarios soporten ese riesgo, y en lugar de sentirse bien por ello, éstos suelen estar resentidos. Yo aprendí a sentir simpatía por los empresarios porque mi padre en cierta ocasión contrató a alguien y tenía que pagarle cuando no podía pagarse a sí mismo. Él le pagaba, aunque perdiera dinero con ello. Sobrevivir con lo que vendemos o producimos cada día es una enorme amenaza con la que vivir. Tener un puesto de trabajo nos libera de esa amenaza, pero probablemente sea algo que damos por supuesto.

Positividad sobre las decepciones

La decepción es inevitable con un cerebro que filtra el mundo a través de sus propias expectativas. Por ejemplo, cuando vendemos nuestro coche usado, es fácil tener altas expectativas y decepcionarnos. Pero, si nosotros fuéramos a comprar ese mismo coche, sería fácil tener bajas expectativas y quedar decepcionados. Podemos sufrir decepciones durante todo el tiempo, y si no comprendemos el sesgo de nuestras expectativas podemos pensar que el libre mercado es la fuente de nuestras frustraciones. Podemos culpar al sistema de mantener los precios bajos un día y altos otro, sin ni siquiera notar la contradicción. Resulta reconfortante tener un enemigo externo para dar sentido a nuestra sensación interna de amenaza, pero eso, en último término, sólo amplía nuestra sensación de amenaza. Es natural anhelar un sistema que favorezca a los vendedores cuando somos vendedores, y a los compradores cuando somos compradores, pero eso no es realista. Con expectativas realistas podemos disfrutar de ser nuestros propios agentes independientemente de que seamos compradores o vendedores, a pesar del inevitable sesgo de nuestro cerebro. Si participamos en el mercado por un coche, una casa, un empleo o un disco de vinilo de Elvis, podemos aprender a ser positivos en lugar de negativos.

Positividad sobre los alimentos

Los seres humanos nos hemos preocupado por la comida desde que teníamos suficientes neuronas para hacerlo. En el pasado, el suministro de comida se veía amenazado por la naturaleza, las plagas o los vecinos agresivos. Actualmente, estas amenazas se han manejado tan bien que nuestros cerebros buscan otras nuevas. Aunque disfrutamos de una seguridad sin precedentes en lo relativo a la comida, muchas personas sienten una intensa preocupación por ella.

La búsqueda de una salud óptima transforma cada elección de comida en una cuestión de vida o muerte. La presión diaria para manejar la nutrición conduce a un sentimiento de crisis en relación al sistema alimentario. El lado positivo de nuestra economía alimentaria suele pasarse por alto. Una vez encontré un gusano en los albaricoques secos que compré en un exótico mercadillo, durante un viaje al extranjero. Había estado comiendo esos albaricoques durante días. Solía mantener una postura cínica sobre el envasado de los productos en Estados Unidos, pero de repente descubrí las razones para ello. Antes de que la comida se envasara, los huevos de los gusanos de los alimentos acababan en nuestro estómago. El envasado solucionó los problemas reales. Ya no consumo productos envasados porque ahora están disponibles alimentos en grandes cantidades, pero valoro las nuevas opciones en lugar de enfadarme con las antiguas.

Donde yo vivo, el odio contra la industria alimentaria es muy intenso. Pero, cuando compro comida, valoro el colosal esfuerzo que se necesita para llenar una tienda de alimentos en buen estado. Sé lo rápidamente que se estropea la comida cuando la llevamos a casa. Y no obstante, cuando quiero un ingrediente que sólo utilizo en alguna ocasión, hay un suministro en buen estado para mí. Siempre me maravillo de ese milagro logístico en lugar de desdeñarlo.

150

A menudo veo vendedores de fruta instalados en las calles, cuando viajo al extranjero. Cada vendedor permanece allí durante todo el día con un pequeño montón de fruta. Esto parece tan poco eficaz que me encantó conocer a un economista que había estudiado el tema. Entrevistó a mujeres del mercado y supo que gran parte de sus ganancias se gastaban en el billete de autobús que las llevaba a su aldea, con sus productos. El cuidado de los niños también era difícil porque dormían cada noche en el mercado, hasta que lograban vender sus productos. «¿Por qué no enviáis a una sola persona con todas las frutas?», les preguntó él. Ellas respondieron: «No confiamos en que nadie nos dé la parte que nos corresponde». Eso me ayudó a entender el valor de la contabilidad y los sistemas legales. Incluso valoro los precios fijos desde que odio tener que regatear por cada pieza de fruta. El comercio moderno mejora nuestra vida de formas que podemos entender si transcendemos nuestro pensamiento cínico.

¿QUÉ SUCEDE CON LA CRISIS SOCIAL?

Cuando mis abuelos llegaron a Estados Unidos, otros inmigrantes de su pueblo de Sicilia se apiñaron en una calle de Brooklyn. No confiaban en la gente de otras partes de Sicilia que vivían en otras calles de Brooklyn. Y estos sicilianos no confiaban en los inmigrantes de otras zonas de Italia.

Mis padres fueron a las escuelas y las iglesias con personas de una amplia variedad de culturas. Yo solía pensar que ellos eran endogámicos porque se habían casado con otros italianos, pero más tarde supe que se habían casado fuera de su provincia (¡la familia de mi madre era de Nápoles!), y eso raramente lo habían hecho sus antepasados. Sus abuelos difícilmente conocían a alguien de fuera de su pueblo.

Los círculos de confianza se ampliaron con el paso del tiempo. Los restaurantes inventaron el concepto de «comida italiana» y combinaron las tradiciones de las personas que rara vez hablaban unas con otras. En la actualidad, los restaurantes sirven platos de países que lucharon entre sí durante generaciones. Veo a personas de culturas enfrentadas sentadas a mesas muy cercanas sin que se produzcan incidentes. Celebro este logro en lugar de darlo por supuesto. En todas partes hay pruebas de armonía social, pero no las veremos si nos concentramos en el conflicto.

Vivo cerca de carreteras serpenteantes con poco espacio para que pase el tráfico, y no obstante durante todo el día los conductores se detienen y dejan pasar al otro sin que haya incidentes. Conductores de todas las variantes humanas manejan toneladas de acero con una notable seguridad. Ocasionalmente, algún conductor me produce una sensación amenazante, pero si me concentrara en eso me perdería muchas cosas buenas.

El cerebro humano dice:
En todas partes hay pruebas de armonía social, pero no las veremos si sólo nos concentramos en los conflictos.

La expansión masiva de la confianza social es ignorada ampliamente. Durante la mayor parte de la historia humana no era seguro salir del propio pueblo, y había que atenerse a una red de «introducciones» si la gente se atrevía a aventurarse fuera de él. Hoy en día, podemos deambular lejos de casa con una seguridad sin precedentes. He acudido a muchos salones de masaje en China y he disfrutado de un trato fabuloso y experto en cada ocasión. Es un milagro que pueda caminar por las calles del otro lado del mundo y confiar mi seguridad a extraños. Nunca dejo de valorarlo.

ELEVANDO LAS EXPECTATIVAS

La percepción de crisis social está causada por las crecientes expectativas, lo que hace que las cosas parezcan peores cuando en realidad van mejorando. Por ejemplo, la violencia doméstica actualmente se considera intolerable, cuando solía ser vista como una cuestión privada. Se ha hecho un gran progreso cuando la violencia doméstica ha pasado de «no hablar sobre ella» a «descubrirla y combatirla». El progreso no puede medirse porque no hay datos fiables sobre la situación anterior, cuando la gente se negaba a hablar sobre ella. El progreso suele verse minimizado por «activistas» que se esfuerzan por crear una sensación continua de crisis. Los grupos de apoyo amplían la definición de un problema y condenan el hecho de hablar sobre mejoras como una forma de insensibilidad. Esto hace que el mundo parezca más desolador a medida que las cosas mejoran.

Nuestro planeta está lleno de personas deseosas de ayudar a otras. Pero la ayuda no siempre significa «ayuda». Incluso las cosas pueden empeorarse cuando la «ayuda» recompensa a conductas que perpetúan un problema. Los cínicos condenan a la humanidad por su supuesta indiferencia. Por el contrario, podemos gozar de buenas intenciones generalizadas mientras desarrollamos expectativas realistas sobre la ayuda.

El conflicto social nos preocupa porque el cerebro de mamífero ha evolucionado para vigilarlo. Él nos seguirá comparando con los demás y reaccionando. Este impulso se ve estimulado por la proliferación de medios de comunicación. La decepción puede aumentar, aunque las cosas mejoren porque los medios nos dan la impresión de que todos los demás están disfrutando de un helado y de un masaje de pies en todo momento. Independientemente de lo que tengamos, siempre hay alguien que tiene algo de lo que nosotros carecemos, y nuestro cerebro de mamífero se dará cuenta de ello. Si hacemos girar un globo terráqueo y apuntamos a cualquier lugar, el dedo se posará sobre un lugar donde la gente dice: «Nuestra sociedad es mala... y esos idiotas de allí son incluso peores». La tensión social forma parte del mamífero. El mundo nunca cambiará de forma que haga que nuestro cerebro de mamífero esté feliz durante todo el tiempo. Afortunadamente, podemos controlar nuestro cerebro de mamífero.

El cerebro humano dice:
El conflicto social nos preocupa porque el cerebro de mamífero ha evolucionado para vigilarlo. Él nos seguirá comparando con los demás y reaccionando.

CRONOCENTRISMO

Las personas sostienen que nos encontramos en un punto crucial de la historia. Todos los seres humanos que han existido han sentido lo mismo. Todos los cerebros consideran que su propia época es especial porque es el momento en que podemos hacer algo. Se dice que la supervivencia de la vida sobre la Tierra depende de nosotros. Nos sentimos bien cuando imaginamos que nuestras acciones influyen sobre el futuro. Nos sentimos incluso mejor al pensar que las generaciones futuras estarán de nuestro lado en nuestra lucha contra «los tipos malos».

Pero esta agradable sensación de importancia histórica puede magnificar la sensación de amenaza propia de un mamífero. Si buscamos en el pasado y el futuro pruebas de amenazas, eso es lo que encontraremos. El cerebro almacena información referente a sus necesidades. Ve el pasado como el antecesor de lo que nos importa actualmente, y el futuro como la oportunidad para que se difunda nuestra esencia individual única. No pensamos en esto conscientemente, por supuesto, pero es difícil pensar de otra forma.

El deseo del cerebro de predecir recompensas y amenazas se ve constantemente frustrado porque el mundo no es predecible. Las amenazas futuras parecen más terribles que las pasadas porque ya sabemos cómo acabó la historia pasada. Nuestro futuro es incierto excepto por el hecho de que moriremos, y si tenemos hijos, ellos también morirán. Parece que la supervivencia del mundo está en juego porque nuestra supervivencia lo está.

Cuando aceptamos el interés de nuestro cerebro por nuestro propio legado, nos ayuda a controlar la sensación de crisis. Si reconocemos que nos preocupa el apocalipsis personal, resulta de ayuda dar sentido al sentimiento de «hacer algo». Ese sentimiento se alivia cuando trabajamos para construir algo que pueda sobrevivirnos. Cuando vemos a otras personas esforzarse por dejar un legado, tal vez pensemos que es pretencioso o trivial, pero cada uno somos el centro del mundo para nuestro cerebro, y debemos trabajar con el cerebro que tenemos.

Resumen científico

El cerebro considera fácil ver signos de crisis porque las incesantes charlas sobre ella han construido esos circuitos. En su lugar, podemos disfrutar de una visión positiva de las crisis que nos perturban.

- Podemos enseñar a nuestro mamífero interior a concentrarse en lo positivo, lo hagan o no los demás.

- El sentimiento de «hacer algo» por nuestro planeta es útil, pero puede ser un sentimiento positivo, y no negativo. Esto resulta difícil de llevar a cabo cuando toda la información es negativa. Afortunadamente, hay información positiva sobre la sostenibilidad, lo cual ayuda a poner en su contexto los aspectos negativos.

- Hablar sobre la crisis económica se ha convertido en algo tan generalizado que la gente parece asociar reflexivamente la economía con el dolor. Pero no es realista esperar que ésta nos haga felices porque el cerebro de mamífero siempre está buscando.

- El cerebro de mamífero está diseñado para compararse con otros y liberar una mala sensación cuando se ve en una posición de desventaja. A pesar de cuanto hagamos por intentar evitar esta mala sensación, no desaparece porque no podemos encontrarnos en una posición superior en todo momento. Los humanos hemos vivido con frustración social desde el principio de los tiempos, y si nuestras necesidades están cubiertas, podemos concentrarnos en ellas inexorablemente. Parecerá una crisis y el cerebro encontrará pruebas que encajan. Por supuesto, entonces terminaremos sintiéndonos peor. Afortunadamente, podemos aprender a quitarnos las gafas de crisis y a encontrar formas de sentirnos bien con respecto al lugar que ocupamos en el mundo.

- Nos sentimos bien al imaginar que nuestras acciones influyen en el futuro. Nos sentimos incluso mejor pensando que

155

las generaciones futuras están de nuestro lado, en nuestra guerra contra «los tipos malos». Pero esta agradable sensación de importancia histórica puede magnificar nuestro sentido de amenaza propio de los mamíferos. Si buscamos en el pasado y en el futuro pruebas de amenazas, terminaremos sintiendo una interminable sensación de amenaza. Por el contrario, tenemos poder para ver un futuro alternativo.

EPÍLOGO

Cuando yo estudiaba en la universidad, la mayoría de los países del mundo estaban gobernados por dictadores que metían en prisión y torturaban a quienes no se sometían. Sabía constantemente del sufrimiento que causaban esos dictadores. Después, casi como por milagro, esos dictadores cayeron en un breve período de tiempo y surgieron democracias para reemplazarlos.

Este giro positivo de los hechos fue más allá de mis mejores sueños. Estaba entusiasmada, pero nadie de mi entorno parecía contento por ello. Ya se habían adelantado a la siguiente crisis. Por tanto, en lugar de celebrarlo, adopté la negatividad que me rodeaba.

Desde aquella época he presenciado cómo docenas de crisis llegaban y se resolvían. He observado la forma en que la gente se enorgullece de sí misma por su habilidad para encontrar evidencias de la crisis. Y me he dado cuenta de que nunca me sentiría bien si esperaba a que la gente de mi entorno se sintiera bien. Tal vez pensemos que no es correcto sentirse bien mientras otros están sufriendo, pero, si eso fuera cierto, nadie en toda la historia de la humanidad podría haberse sentido bien.

Quizá pensemos que es ilusorio concentrarse en las cosas buenas cuando por todas partes hay evidencia de sufrimiento. Pero la regla de la caca de perro puede ayudarnos a ser realistas. Cuando el 80 por 100 de los dueños de mascotas dejan a sus perros que ensucien las calles, damos esa suciedad por supuesta, pero, cuando el 20 por 100 de ellos dejan a sus perros que ensucien las calles, decimos: «¿Qué es lo que va mal en este mundo?». Los humanos solucionamos problemas porque el cerebro de mamífero genera una sensación de urgencia, la cual es transmitida por nuestra corteza inteligente para obtener nueva información. Siempre habrá problemas, sensación de urgencia y búsqueda de nueva información. Nunca llegará el momento en que podamos sentirnos bien, a no ser que lo convirtamos en nuestra misión personal. Espero que tú lo hagas ahora, en lugar de esperar tanto como hice yo.

APÉNDICE

ACCIÓN PERSONAL EN LIBROS Y PELÍCULAS

Podemos equilibrar el cinismo que hay a nuestro alrededor buscando estímulos positivos. En este Apéndice encontrarás sugerencias sobre libros, programas de televisión y películas sobre personas reales que sirven de inspiración y que mostraron el hábito de la Acción Personal y las Expectativas Realistas (APER). Se concentraron no en luchar contra el sistema, sino en dar los pasos que se necesitan para construir algo. Te ayudarán a ver la solución de problemas como algo más que una batalla de David contra Goliat, en lugar de un experimento con resultados inciertos. Recurre a estas historias cuando quieras mantener positivas tus perspectivas.

Los héroes de estas historias tuvieron muchos contratiempos. Vivieron con frustración e incertidumbre mientras construyeron lo que ahora damos por supuesto.

Cuando oímos hablar sobre los obstáculos de sus vidas, resulta tentador enfadarse con el sistema. No obstante, estas personas permanecieron concentradas en los detalles del problema, transcendieron su negatividad de mamífero y siguieron construyendo a pesar de la incertidumbre de las recompensas sociales.

PELÍCULAS

Life Story (Historia de la vida)

Este reciente documental sobre la vida salvaje de David Attenborough presenta nuestra herencia de mamíferos en un hermoso formato. Explora la historia de la vida que todas las criaturas vivientes tienen en común, desde el nacimiento hasta la inmortalidad genética, con imágenes de calidad sin precedentes. La hora más emotiva de las seis es la hora número cuatro, llamada «Poder». Muestra la lucha de los animales por la dominación social con tanta elegancia que podrás aceptar este hecho de la vida en lugar de aferrarte a la cómoda idea de que «nuestra sociedad» es la causa del deseo de poder.

Muchas personas han oído la voz de Attenborough sin conocer su papel histórico en nuestra comprensión de la naturaleza. No es sólo una cabeza que habla. Tiene documentación pionera de la conducta en la naturaleza desde la década de 1950. Continuamente ha encabezado avances técnicos que nos han permitido gozar de un conocimiento más profundo de la aparición de la conducta de la supervivencia. Y lo ha hecho sin someterse al hábito de moda de mostrarse romántico con los animales y crítico con los humanos. Attenborough proporciona descripciones precisas del conflicto entre los animales, lo cual nos ayuda a entender y manejar nuestro mamífero interior en lugar de externalizar nuestros impulsos internos. La fascinante historia personal de sir David se cuenta en un libro y un vídeo titulados *Life Stories,* por lo que advertimos al lector para que distinga entre los dos títulos.

Longitude (Longitud)

Si alguna vez te has sentido maltratado por la burocracia, te encantará esta historia de un inventor al que se le negó el dinero del premio que ganó con todo merecimiento. Esta miniserie de televisión está basada en el libro *Longitud: The True Story of a Lone Genius Who Solved the Greatest Scientific Problem of His Time* (Longitud: La verdadera historia de un genio solitario que solucionó el mayor problema científico de su época). Actualmente, el posicionamiento global se da por garantizado, pero en 1714 los barcos se perdían en el mar porque no había forma de que los marinos midieran su longitud. El Parlamento británico ofreció un pre-

160

mio para quien diseñara un método manejable que ayudara a los barcos a volver con seguridad a su puerto.

Una solución fue construir un reloj que midiera el tiempo perfectamente en los largos viajes por mar. Un carpintero del país se dispuso a construir un reloj así. La creación de John Harrison fue extremadamente precisa cuando se comprobó en los océanos, pero el comité que concedía el premio le menospreció. Él siguió mejorando su invención y diseñó relojes más precisos entre la sexta y séptima décadas de su vida, pero el comité siguió ignorándole. Al final se quejó al rey Jorge III, y con ochenta años le concedieron el dinero del premio (aunque no el premio oficial).

Harrison fue ignorado por una típica razón esgrimida por un cerebro de mamífero: los líderes del comité del premio protegían su propio terreno: eran astrónomos y el invento de Harrison posibilitaba la navegación sin tener en cuenta la astronomía. Cualquier carpintero o marino sin formación podía medir la longitud con su aparato, lo cual disminuía el valor y el prestigio de las habilidades de un astrónomo.

La película oscurece un poco este aspecto. Muestra a los científicos de la Royal Society con sus pelucas y sus togas mientras afirmaban que Harrison «no era uno de ellos». La élite intelectual no quería que el mayor problema de su época fuera resuelto mediante un simple «mecanismo», por lo que siguieron cambiando las normas para asegurarse de que Harrison no ganara el premio. Pero no fueron sólo las prendas de vestir y los discursos ante su país lo que les amenazaba, sino su poder para disminuir su estatus elevando otro nuevo.

Las nuevas ideas pueden ser ignoradas por los protectores de sus propios ámbitos, pero tal vez tú mismo te hayas opuesto a ellas. Nuestras carreras llegan a basarse en un método concreto, y no siempre nos sentimos contentos de ver aparecer algo nuevo. Es fácil odiar a los tipos de las pelucas cuando vemos la película, sin tener en cuenta que nosotros en su lugar también podemos desdeñar algo que nos amenaza con quedarnos obsoletos.

Todos los nuevos métodos deben demostrarse, y la guerra de los gremios subió el listón para esa demostración.

John Harrison triunfó al final porque siguió fabricando relojes cada vez mejores. Esos relojes se exhiben ahora en Londres. Se pueden ver en el Observatorio Real de Greenwich, donde podemos hacernos una foto-

161

grafía pisando el primer meridiano cuando salimos. También se pueden ver los relojes de Harrison en vídeos de YouTube.

Hay otra historia sobre este incidente que también sirve como fuente de inspiración. Esos relojes se guardaron en un armario, acumulando polvo, durante ciento cincuenta años. Actualmente están disponibles para que los veamos gracias a la persistencia de otra persona cuya historia está incluida en el vídeo de *Longitude*. Un soldado que sufría de síndrome de estrés postraumático los encontró en un armario mientras se recuperaba en el Hospital Naval de Greenwich. Él entendió su importancia y pasó varios años restaurándolos para que funcionaran. Su historia subraya el hecho de que tenemos cosas buenas a nuestra disposición porque algunas personas que llegaron antes que nosotros invirtieron un gran esfuerzo.

Cielo de octubre

Cielo de octubre es una película basada en la historia real de un estudiante de enseñanza media llamado Homer Hickam, que aprendió el solo a construir cohetes. Ayudó a Estados Unidos a responder al lanzamiento del Sputnik, y también quiso escapar de una desagradable vida familiar. Es una película sobre compañeros en la que cada uno enseña física al otro. El chico, interpretado por un Jake Gyllanhall muy joven, se enfrenta a una dura resistencia por parte de su propio padre. El joven científico fabricante de cohetes afronta una larga serie de obstáculos con un estilo sorprendente (se trata de una autobiografía, por supuesto), y sus cohetes volaron kilómetros por el cielo.

La habilidad de Hickam era enseñar a sus conocidos –compañeros de clase, profesores, mecánicos y conciudadanos, igual que conseguir logros en la tecnología de los cohetes. Es encantador verle conseguir el apoyo que necesita. Siguen surgiendo nuevos obstáculos y Homer sigue salvándolos. Se difunde el boca a boca y, por fin, una multitud de habitantes de Virginia del Oeste asisten al lanzamiento de los cohetes.

El padre de Homer se siente responsable de la seguridad porque es el jefe de la mina que da empleo a la mayor parte de la ciudad. Un percance podría acabar con su carrera. De la misma forma que podemos odiarle por obstaculizar el progreso, vemos que los lanzamientos de los cohetes son peligrosos y que actualmente no se hubiesen permitido. El padre parece no hacer caso de su familia, excepto del hermano de Homer, una figura del fútbol. El joven Homer sufre mucho con la falta de atención de su padre y su hermano mayor, incluso mientras se gana el respeto de su ciudad. Nuestro dolor más profundo a menudo procede de las personas más cercanas a nosotros. Esto es más evidente en la versión en libro de la autobiografía de Homer Hickam (publicada al principio como *Rocket Boys* (Chicos de cohetes). (Hickam también escribió una serie de libros para jóvenes).

La película, atractiva para todos los miembros de la familia, distorsiona el libro al convertirlo en una forma de salir de la pobreza. La pobreza no es lo que aparta a Homer de la universidad. Su propio padre le prohibió asistir a la universidad a no ser que participara en el negocio de la mina. Homer supera la negatividad concentrándose en construir algo. Da grandes pasos y aprende de los errores, tanto científicos como sociales. Los chicos de los cohetes no se quejan sobre la falta de idoneidad de los presupuestos para la escuela y estudios científicos, simplemente ponen un pie delante de otro.

En una escena del libro, Homer se corta una arteria con un trozo de metal que recoge a fin de conseguir fondos para sus actividades. Sus amigos temen que se desangre hasta morir si le dejan, por lo que le obligan a recorrer el camino de cinco kilómetros de vuelta a la ciudad. Allí, el médico le cose sin anestesia y le regaña mientras lo hace. Cuando Homer llega por fin a casa, su madre le hace ducharse para quitarse el olor a chatarra antes de meterse en la cama, y le regaña mientras se ducha. Esta conducta contrasta fuertemente con la actual costumbre de no criticar y de dar a los jóvenes grandes recompensas a cambio de poco esfuerzo. Cuando los niños y los adolescentes están desmotivados, a menudo culpamos al mundo en lugar de emprender acciones personales realistas. Este libro representa otra forma de pensar. Efectivamente, es cruel y hemos hecho bien en superarla, pero también nos recuerda que debemos encontrar nuestra propia fuerza.

El discurso del rey

El padre de la reina Isabel era tartamudo, y hablar en público es lo que menos deseaba hacer. Ésta es la historia de los esfuerzos del rey Jorge VI para superar su problema al hablar y llevar a cabo el papel que el destino le había señalado. Un talentoso logopeda le ayuda a desarrollar nuevos circuitos en los músculos que controlan el habla y la respiración. Esta película demuestra lo difícil que es reprogramarse, independientemente de quién seamos.

Si fueras un rey, seguirías siendo un mamífero. Sentirías el aguijón del cortisol cuando recordaras problemas pasados. Jorge VI tenía muchos circuitos de cortisol porque creció sometido a una gran crueldad. Aprendió a temer a las personas más que a confiar en ellas, y así su alarma interna aparecía cuando hablaba. Esta película nos hace sentir la impotencia del rey mientras lucha contra el sistema operativo poco convencional de un cerebro que desarrolló hace mucho tiempo.

El logopeda es el héroe de la película. Lionel Logue dirige al rey en lugar de adoptar una posición subordinada. No deja que éste escape al dolor haciendo valer su rango. Todos nos hemos sentido tentados a correr cuando el cambio es incómodo, por lo que podemos imaginar lo tentador que sería si fuéramos reyes. Logue sigue obligando al rey a que afronte el cambio interno, por lo que la película apela a nuestro deseo de mamíferos de imponernos sobre el alfa.

El libro refleja una complejidad que no está presente en la película. Lionel Logue dejó diarios y cartas que su nieto incorporó al libro *The King's Speech: How One Man Saved the British Monarchy* (El discurso del rey: Cómo un hombre salvó a la monarquía británica). Logue dijo en su diario que el rey se esforzaba más con los ejercicios que le impuso que ninguna otra persona que hubiera conocido. El libro muestra que Logue y Jorge en realidad no eran colegas. El rey recompensó a Logue con bastante dinero, referencias, respeto y gratitud. Pero el nieto de Logue parece pensar que había más cosas en juego (¿tal vez un título de caballero?). Es fácil ver por qué el rey no quería llamar la atención sobre su problema del habla convirtiendo a Logue en un héroe públicamente.

El libro también describe los continuos esfuerzos de Logue por mantener la relación con el rey durante años. Lo podríamos llamar «amistad», pero parecía más una de las redes habituales que tienen los profesionales. Logue era un profesional con talento que no necesitaba la amistad del rey para sobrevivir. Ambos hombres eran su propio agente, y formaron una alianza que fue extremadamente eficaz para ellos.

164

Tímidos anónimos[4]

Es la historia de dos personas francesas compulsivamente anónimas que encuentran el amor mientras venden chocolate. Explora la ansiedad social con un humor que nunca es malintencionado. Mientras los personajes afrontan sus expectativas negativas, siempre nos reímos con ellos en lugar de reírnos de ellos. Al final (información por anticipado) tienen una gran relación y un excelente negocio al superar sus miedos.

El título francés de la película, *Les émotifs anonymes* (Los emotivos anónimos), la describe bien. Emotions Anonymous es un programa internacional de doce fases para las personas que desean solucionar su ansiedad, depresión o baja autoestima en un contexto de grupo estructurado. El grupo apoya a la heroína de la película cuando busca tímidamente un trabajo, tiene una cita con su jefe y gira en torno a su compañía. El jefe se siente aterrado por ella, pero le hace propuestas porque su terapeuta se lo encarga como tarea. Cuando ella responde favorablemente, él se siente más aterrado. No culpa a la sociedad de su ansiedad. Dice: «Estoy asustado», y se concentra en la única cosa sobre la que tiene poder: él mismo.

La ansiedad es natural porque el cerebro de mamífero sigue recordando antiguas decepciones en un esfuerzo por evitar tener más. Es difícil dar los pasos hacia las recompensas cuando esperamos decepciones. Los personajes de esta historia dan los pasos, de todas formas, y desarrollan gradualmente nuevas expectativas. La película es una forma muy agradable de ir más allá del cinismo.

The Sicilian Girl (La chica siciliana)

Se trata de una oscura historia sobre una chica que plantó cara a la mafia. Es una brillante descripción de la conducta gregaria. Abandonar el grupo es una amenaza para la supervivencia en una comunidad de mafiosos, por lo que el temor del personaje es muy realista.

La heroína de la película viola el famoso código de silencio de la mafia. Su padre y su hermano son asesinados delante de ella, por lo que decide ingresar en el grupo antimafia. Todo el mundo que la conoce la rehúye, incluida su madre. La chica confía en un famoso fiscal italiano, pero él ni siquiera puede protegerse a sí mismo.

---

4. El título de la película original en inglés es *Romantics Anonymous. (N. del T.)*

La película está basada en la historia real de Rita Atria, cuyos padre y hermano no eran víctimas inocentes, sino que también eran mafiosos. Los asesinatos que presenció Rita formaban parte una serie de venganzas. Como muestra la película, si alguien de tu grupo de confianza te amenaza, tu cerebro afronta un terrible dilema. Estás amenazado si sigues dentro y también si abandonas el grupo. Aprendemos observando, y a menudo vemos a quienes nos rodean evitar el conflicto ignorando una amenaza interna y concentrándonos en una externa.

LIBROS

Darwin's Ghosts: The Secret History of Evolution (Los fantasmas de Darwin: La historia secreta de la evolución)

Los fantasmas del título son las personas que entendieron la evolución antes que Charles Darwin. Sus predecesores no fueron conscientes por completo de la selección natural, pero sí de que la interminable variación de las especies estaba causada por una adaptación que era fomentada por el paso del tiempo. Uno de los fantasmas fue el propio abuelo de Darwin, Erasmus Darwin, quien murió antes de que Charles naciera. Erasmus era médico, pero explicó la evolución en un largo poema sobre la naturaleza, con la esperanza de que fuera más accesible. Este libro nos recuerda que nuestros esfuerzos no son en vano. Alguien heredará nuestro trabajo y hará algo con él.

La personalidad de Darwin durante su adolescencia se incluye como uno de los fantasmas. Nos encontramos con el joven Charles como estudiante de universidad, en la playa. Estaba allí porque no le gustaba ir a clase, pero sí recoger animales marinos. Darwin estudiaba en la escuela de medicina por la insistencia de su padre, pero no tenía estómago para ello. En la playa conoció a otros naturalistas en ciernes. Uno de ellos le preguntó: «¿Eres el nieto de Erasmus Darwin?». De ese modo Charles llegó a reconocer la importancia del oscuro trabajo de su abuelo, y le mostró una forma de obtener respeto haciendo lo que le gustaba.

Mucho antes de los Darwin, la especulación sobre la mutación de las especies procedía de la antigua Grecia, los eruditos islámicos, la frontera americana y la filosofía francesa. Este libro incluye información sobre las

166

personas que miraban al mundo con los ojos frescos. No disponían de escáneres de resonancia magnética ni de microscopios electrónicos para estudiar la genética molecular, pero observaban a los animales aparearse y a las plantas propagarse, e investigaban las consecuencias. En la época de Darwin, la cría selectiva de ganado y de plantas era una actividad económica importante y una afición muy popular. La biología hereditaria se conoció ampliamente antes de los mecanismos de la transmisión genética.

En la actualidad, la gente sigue interpretando la evolución a través de la lente de sus creencias anteriores. Por ejemplo, yo estoy rodeada de personas que creen que es malo comer carne, y por ello la función de la caza en el proceso evolutivo se ha convertido en algo de lo que no se puede hablar. Es fácil ver que el cerebro humano creció cuando los hombres pudieron disponer de más proteína y grasa de animales. La mejor caza generó cerebros mayores, lo cual condujo a una caza aún mejor y a cerebros mayores. Los eruditos que desprecian la caza aprueban el colectivismo, por lo que sostendrán que la búsqueda de comida comunal permitió conseguir más alimentos, un mayor crecimiento cerebral y con ello más colectivismo. Pero de la carne no se puede hablar.

De igual modo, la selección sexual se ignora ampliamente. La evolución está guiada por las elecciones a la hora de aparearse tanto como por las mutaciones genéticas. Pero la conducta de apareamiento animal suele estar en conflicto con las ideas sobre el género de muchas formas. La mayoría prefiere no hablar sobre ella. Insiste en su lugar en las mutaciones genéticas, lo que conduce a la visión apocalíptica de que una especie antigua debe desaparecer para que otra mejor adaptada la sustituya. La verdad más benévola es que la selección sexual genera rasgos adaptativos sin la necesidad de que se produzcan extinciones masivas. Los animales simplemente buscan parejas con características que promuevan la supervivencia en su nicho ecológico. Las conductas de apareamiento de machos y hembras, políticamente incorrectas, dirigen la evolución, pero no resulta agradable decir eso.

Hoy en día, en mi mundo, la evolución suele utilizarse como un arma en la guerra contra la religión o en la guerra de salvación de animales. Cuando la ciencia se convierte en un arma en una batalla, se pierde algo. *Los fantasmas de Darwin* representa la ciencia como una actitud receptiva a la observación, independientemente de las consecuencias sociales.

167

Wildlife Wars: My Fight to Save Africa's Natural Treasures (Guerras de la vida salvaje: Mi lucha por salvar los tesoros naturales de África)

Cuando los cazadores furtivos con AK-47 se dispersaron por las zonas de conflicto de África en la década de 1980, mataron un número elevadísimo de elefantes africanos. Ésta es la historia de los esfuerzos de Richard Leakey por detener la matanza. Su éxito conllevó la ira de fuerzas muy poderosas que obtenían beneficios del comercio del marfil. Richard perdió ambas piernas en lo que pareció ser un sabotaje del avión que pilotaba mientras se dirigía de una reserva a otra. Cuatro meses después volvió al trabajo, liderando el Servicio de Vida Salvaje de Kenia para luchar contra los cazadores furtivos. Una foto del libro le muestra con sus piernas ortopédicas. ¡Eso es bastante positivo!

Richard Leakey nació y se crio en Kenia. Es el hijo de los arqueólogos Louis y Mary Leakey, y un conocido paleontólogo por derecho propio. Le pidieron que liderase el Servicio de Vida Salvaje de Kenia (KWS) porque llamó la atención internacional sobre el problema de los elefantes. En el momento de su designación, el KWS era muy corrupto. Los ingresos del dinero de entrada en los parques y de la ayuda extranjera desaparecían en los bolsillos privados. No quedaba nada para hacer cumplir las fronteras de los parques o mantener la infraestructura tan vital para el turismo. Si alguna vez te has preguntado: «¿Por qué no hacen algo para proteger la vida salvaje?», este libro te aclarará algunos de los obstáculos para conseguirlo.

Richard demostró una fuerza extraordinaria al afrontar los abrumadores retos. Los oficiales corruptos seguían protegiendo a los cazadores furtivos, y el propio hermano de Richard era un miembro del gobierno corrupto. Para complicar aún más las cosas, ese hermano había donado el riñón que salvó la vida de Richard unos años antes. Desde la política familiar hasta la política mundial, las frustraciones que conlleva ser un mamífero se exploran de forma realista en este fascinante libro.

Disclosing the Past (Revelando el pasado)

El «pasado» al que se refiere el título es el pasado de nuestra especie y el pasado personal de la paleontóloga Mary Leakey, madre de Richard y esposa de Louis. Los Leakey eran conocidos por encontrar fósiles que revelaron los orígenes del ser humano en África. Este libro nos recuerda que

168

Mary hizo la mayor parte de las excavaciones mientras su marido estaba de viaje reuniendo fondos, formando una red de cooperación y normalmente actuando como un alfa. Su relación duró tres décadas, y establecieron el campo de la paleontología mientras criaron a tres hijos en un entorno muy duro.

Mary tenía poca formación. Creció siguiendo a su padre por la jungla en lugar de ir a la escuela. Él era un pintor de paisajes propenso al nomadismo. Cuando Mary tenía once años, vivía en la región francesa de Dordogne, que está llena de pinturas rupestres. Su familia desarrolló una buena relación con los coleccionistas locales de artefactos humanos prehistóricos, y Mary decidió convertirse en arqueóloga. A la edad en que sus compañeras terminaban la enseñanza media, ella fue a Londres para hacerse un lugar en la arqueología. Sus excelentes habilidades dibujando, aprendidas del trabajo con su padre, la convertían en muy valiosa para los investigadores de campo en los días anteriores a la fotografía digital y las fotocopias. Pronto empezó a dibujar para Louis Leakey.

Mary y Louis se casaron, y ella le siguió a tierras salvajes. Pero él continuó teniendo relaciones con jóvenes señoritas. Sus iniciativas generaron gran parte del conocimiento sobre los simios en la selva, porque él envió allí a Jane Goodall, Dian Fossey y Birute Galdikas, para vivir junto con chimpancés, gorilas y orangutanes, respectivamente. Estas mujeres generaron el primer conocimiento sistemático sobre los simios salvajes dedicando sus vidas a la investigación de campo y la conservación.

Louis Leakey las formó y consiguió la financiación que les permitió comenzar, lo cual es la razón por la que a veces se las conoce como «los ángeles de Leakey».

La perspectiva de Mary en esta historia es un añadido bienvenido. Ella terminó pasando la mayor parte de su vida en África, en lugares de excavación extremadamente remotos, y su libro ofrece un reconocimiento a las funciones que desempeñaron ella y su marido. Mary se concentró en la ciencia empírica, mientras Louis en la ciencia pública. El libro de Mary reconoce ambas funciones.

The Doctor's Plague: Germs, Childbed Fever, and the Strange Story of Ignác Semmelweis (La plaga de los médicos: Gérmenes, fiebre puerperal y la extraña historia de Ignác Semmelweis)

Tal vez conozcas a Ignác Semmelweis, el médico del siglo XIX que descubrió que lavarse las manos permitía salvar vidas. Quizá sepas que fue reprendido e ignorado por las instituciones médicas de su tiempo. Este libro escrito por el exitoso cirujano y escritor médico Sherwin Nuland defiende a las instituciones médicas. ¿Qué posible defensa puede haber?

De acuerdo con Nuland, Semmelweis no «pidió con educación» cuando solicitó a sus compañeros que se lavaran las manos. La visión de Nuland es bastante triste cuando se lee por primera vez. Después de todo, el doctor Ignác sabía que las madres morían retorciéndose de dolor y los recién nacidos quedaban huérfanos cuando se ignoraba su consejo. ¿Quién no estaría inquieto? Pero el libro señala un tema interesante. Lo mejor que Semmelweis podía haber hecho para esas madres habría sido presentar la información de un modo que pudiera ser acogido por sus compañeros. Nuland era realista, y por eso incluimos aquí este libro.

Los gérmenes no se conocían en la época de Semmelweis. Los médicos se reían de la idea de que «animales invisibles» propagaban las enfermedades. Las autopsias eran la nueva moda para entender las enfermedades, y los obstetras permanecían ocupados practicándolas mientras esperaban a que sus pacientes comenzaran el parto, momento en el que corrían a la sala de partos con las manos llenas de materia de la última madre que había muerto de infección. Las tasas de mortalidad eran extremadamente altas en las clínicas dirigidas por médicos. Semmelweis redujo esta tasa hasta prácticamente cero enseñando a su personal a lavarse con el mejor antiséptico disponible. Debería haberse ganado el respeto. ¿Por qué no lo consiguió?

Tengamos en cuenta las motivaciones de los mamíferos implicados. Semmelweis sólo podía probar su teoría si se obligaba a todos los médicos a lavarse las manos. No podía dejar que los médicos decidieran por sí mismos porque continuarían produciéndose muertes y no habría prueba del método. Era necesario obligarles, pero esto irritaba a los médicos.

Una vez que Semmelweis consiguió la prueba, intentó difundirla rápidamente escribiendo cartas a los principales médicos de toda Europa. Eso parece una respuesta razonable para su tiempo, pero no funcionó.

170

Nuland explica esto de distintas formas. En primer lugar, Semmelweis no llevó a cabo investigaciones en laboratorio ni publicó los resultados al estilo aceptado. Cuando Louis Pasteur y Joseph Lister lo hicieron, la opinión médica cambió rápidamente. Nuland sugiere que Semmelweis era excesivamente sensible al rechazo porque sus ideas profesionales fueron refutadas en numerosas ocasiones durante sus años de universidad. Nuland comenta también una cuestión cultural. Semmelweis era un húngaro germano-hablante, y Nuland especula con que las instituciones alemanas le rechazaron como húngaro, mientras que éstos desconfiaron de él por parecer alemán.

Ambos son buenos argumentos, pero ¿forman toda la historia? Lee este libro y decide por ti mismo. En mi opinión, Nuland pasa por alto el papel desempeñado por el rechazo. Ningún médico quiere admitir ser la causa de tantas muertes horribles. Semmelweis sólo se vio motivado a admitirlo debido a un accidente: su mejor amigo murió con síntomas de fiebre puerperal después de cortarse un dedo durante una operación. Esto ayudó a Semmelweis a concentrarse en la transmisión en lugar de en el nacimiento de los niños como la causa. El dolor personal que le produjo el hecho de perder a su amigo desencadenó el cortisol que reprograma rápidamente a una persona. Las estadísticas publicadas en papel no reprograman rápidamente a las personas.

Por la época en que llegaron Lister y Pasteur, la teoría de los gérmenes sobre la enfermedad había estado flotando en el ambiente durante décadas. En otras palabras, la generación expuesta a la idea de los gérmenes durante sus años de mielinización por fin llegó al poder. Un paradigma así cambia no porque se acumulen los datos, sino porque los viejos alfa se retiran y son sustituidos por personas que están expuestas a los datos mientras sus cerebros aún se encuentran en sus años de mayor neuroplasticidad.

El pobre doctor Semmelweis enloqueció y murió en una institución mental. Más trágico aún es que parece que murió de fiebre puerperal, es decir, por una infección sanguínea que comenzó con una herida que sufrió mientras peleaba con el personal de admisión de la institución. Cuando leas este libro, te resultará fácil odiar a los guardianes de la medicina que permitieron que continuara la «plaga de los médicos». Pero debes preguntarte a ti mismo: «¿Qué puedo aprender del doctor Semmelweis?». Odiar a los guardianes de la medicina no será de ayuda.

Muchas personas actualmente sienten hostilidad hacia las instituciones médicas. Es natural tener el deseo de querer hacer algo cuando la enfermedad amenaza a alguien a quien quieres. Culpar a los médicos se percibe como hacer algo. Desearíamos que las enfermedades fueran más predecibles, pero a menudo se necesitan generaciones para que se imponga la verdad sobre la salud y la curación. George Washington, por ejemplo, murió de una hemorragia que ordenó hacer a su médico. Todos promovemos la supervivencia con las redes neuronales que tenemos.

A veces, la información urgente queda enterrada por culpa de los políticos. Cuando ocurre eso, solemos culpar a nuestra cultura y nuestra época. El libro de Nuland demuestra cómo ocurrió esto en otra época y otra cultura. Esta historia nos ayuda a entender la conducta de los mamíferos en lugar de culpar a «los chicos malos» habituales.

The Man Farthest Down: A Record of Observation and Study in Europe (El hombre más rebajado: Una crónica de observación y estudio en Europa)

Hace un siglo, el educador Booker T. Washington observó a los inmigrantes del sur de Europa que llegaban a Alabama, donde él vivía. Se preguntaba de qué huían para tener tantos deseos de estar en Alabama. Entonces, planeó un viaje por Europa para descubrirlo. Determinó buscar el «hombre en lo más bajo», cuyas condiciones de vida fueran las peores posibles. Después de viajar por muchos países, descubrió lo que consideró «el hombre más rebajado», en Sicilia. Tal vez se concentrara en Italia porque su padre biológico descendía de un italiano (la «T» de su nombre es la inicial de Taliaferro) que había emigrado a Londres hacías varias generaciones. Washington pudo escribir de primera mano sobre el trabajo de los niños en las minas italianas porque él había trabajado en las minas de Virginia del Oeste, durante su juventud.

Booker T. Washington es un heroico superviviente del cinismo. Todos sus libros se concentran en mejorar el siguiente paso de cada persona en lugar de luchar contra los enemigos. Ver Europa a finales del siglo xx con sus propios ojos resulta estimulante, aunque el sufrimiento del que informa es muy triste. En este libro, Washington continúa comparando las condiciones que se dan en Europa con las vidas de los afroamericanos, y concluye en cada caso que los europeos vivían mucho peor, lo que ayuda a entender los rigores de la vida hace un siglo. Es un gran recurso cuando la gente que tenemos a nuestro alrededor se queja de que la vida es dura en esta época. Cuando consideramos lo dura que era la vida en Europa y Estados Unidos hace sólo un siglo, podemos darnos cuenta de los beneficios del progreso en lugar de lamentarnos de nuestro destino.

Noble Savages: My Life Among Two Dangerous Tribes (Nobles salvajes: Mi vida con dos tribus peligrosas)

Las guerras intelectuales son fascinantes porque la emoción del conflicto primitivo acecha bajo la apariencia de un elevado discurso. Ésta es la fascinante historia de la guerra del antropólogo Napoleón Chagnon con la profesión de la antropología después de las décadas que pasó en el Amazonas con tribus guerreras indígenas. En las ciencias sociales, las expectativas de la ciencia física se cumplen en la forma, pero en la práctica los datos no pueden ser comprobados en la realidad física como en las ciencias puras. A consecuencia de esto, los descubrimientos quedan unidos por la expectativa de que el estado de naturaleza es bueno y que «nuestra sociedad» es la fuente de todo mal. Napoleón Chagnon se atrevió a descubrir el mal en el estado de naturaleza: en concreto, descubrió que la tercera parte de los hombres de la tribu yanomani mueren en conflictos con otros hombres de su tribu, y que los guerreros supervivientes terminan teniendo más mujeres, más hijos y, por tanto, más copias supervivientes de sus genes. Los alfas de la antropología le declararon la guerra a consecuencia de esto. Este libro me resultó muy interesante porque yo pasé la mayor parte de mi vida en un entorno académico y fui testigo de la rivalidad social de los mamíferos de esta clase. Yo también he experimentado la presión de creer que el estado de naturaleza era bueno, a expensas de los hechos reales. Fue un placer ir tras los pasos de Chagnon cuando resistía la tentación de seguir a la manada.

Country Driving: A Journey Through China from Farm to Factory (Conducir por el país: Un viaje por China, desde las granjas hasta las fábricas)

China recientemente ha experimentado una de las mayores migraciones desde las zonas rurales hasta las urbanas de la historia humana, y este libro de Peter Hessler explora las decisiones de las personas que emigraron y de

173

las que se quedaron. Muchos libros se centran en el sufrimiento de los trabajadores chinos, pero éste lo hace en su proceso de toma de decisiones. Hessler describe sus esfuerzos por moverse entre nuevas oportunidades, y sus ideas sobre la naturaleza humana me hicieron reír en voz alta durante la lectura del libro.

Hessler fue a China como voluntario de Peace Corps y se quedó en Beijing como periodista. Alquiló una cabaña en el campo con suelo de tierra y vistas a la Gran Muralla, a fin de tener un lugar tranquilo para escribir. La casa estaba a sólo dos horas de Beijing, y no obstante el pueblo se encontraba prácticamente abandonado por las prisas de la urbanización. Sus vecinos intentaban sobrevivir ayudando a los turistas extranjeros que visitaban la Gran Muralla. Pero esta parte de la muralla no está restaurada, y los chinos de clase media que salen de la ciudad en los fines de semana siguen viendo el pueblo como un lugar de donde escapar más que uno a donde ir. Hessler pasaba mucho tiempo con sus vecinos, y nos cuenta su historia desde la perspectiva de cada familia.

Conducir por China era difícil en el pasado, así que Hessler se siente estimulado por la posibilidad de conducir a lo largo del todo el país. Sus viajes por carretera llegan a una zona industrializada donde tiene nuevas relaciones. Él nos explica las vidas de los trabajadores, patronos y empresarios, a medida que desarrollan nuevas expectativas y diseñan nuevas estrategias. Los obstáculos que afrontan son únicos de muchas formas, pero tienen mucho en común con los mamíferos de todas partes.

The Bookseller of Kabul (El librero de Kabul)

Este libro nos cuenta la verdadera historia de un hombre que luchó durante décadas por vender libros en Kabul. Resistió contra los soviets y después contra los talibanes con gran valor. Pero él domina a su familia de una forma tan severa como las autoridades públicas le dominan a él. Este libro lo escribió una periodista noruega, Åsne Seierstad, que vivió con la familia durante mucho tiempo. En él relata la vida y los sufrimientos de cada miembro de la familia de un modo muy interesante. La tragedia es que la misma fuerza que permite al librero resistir a los poderes públicos le lleva a abusar en su casa. Cada miembro de la familia tiene una vida del todo controlada por la jerarquía familiar, con apenas autonomía. No despreciarás la libertad que disfrutarás después de leer este libro.

Intellectuals: From Marx and Tolstoy to Sartre and Chomsky
(Intelectuales: Desde Marx y Tolstoi hasta Sartre y Chomsky)
En este libro se describen las excitantes vidas privadas de personas venera-
das por profesores de universidad. Los hábitos de dominación social de
Jean-Jacques Rousseau, Jean-Paul Sartre, Karl Marx, Percy Shelley, Hen-
rik Ibsen, León Tolstoi, Ernest Hemingway, Bertolt Brecht, Bertrand
Russell, Lillian Hellman, Norman Mailer, James Baldwin y Noam
Chomsky forman una interesante lectura. Los patrones de conducta
egoísta y mezquina hacia los colegas, amigos y familiares eran sorprendentes, puesto que estas personas presumen de juzgar al resto de la humanidad. La frecuencia de las adicciones y otras conductas autodestructivas es también digna de señalar en las personas que dicen a otras cómo
deben vivir. Más difícil de leer fue el desprecio de sus propios hijos, porque estas personas hicieron muchas afirmaciones en nombre de «nuestros
hijos». Este libro me recordó que el estatus de alfa del mundo intelectual
no se ha eliminado hasta ahora de los principales conflictos de estatus,
como podríamos creer, y me ayudó a sentirme bien con mi relativa libertad respecto de las conductas que desean dominar y que han formado
parte de la experiencia humana.

*Breaking Down the Wall of Silence: The Liberating Experience of
Facing Painful Truth* **(Derribando el muro del silencio: La experiencia
liberadora de afrontar la dolorosa verdad)**
Alice Miller escribió muchos libros sobre el impacto de la experiencia
temprana. Su trabajo muestra cómo las prácticas de crianza de los niños
influyen en la historia, y cómo la experiencia infantil de un líder político
puede afectar a una nación. Este volumen incluye la trágica historia de
Nicolae Ceausescu, el líder estalinista del estado conocido por los abusos
en orfanatos que salieron a la luz después de una época en la que se come-
tieron atrocidades en masa. En el capítulo acertadamente titulado «Las
consecuencias monstruosas de la negación», Miller muestra cómo Ceau-
cescu y su mujer reprodujeron las crueldades que sufrieron cuando eran
niños y que afectaron a todo el país. Es muy inquietante, pero todo el
mundo debería leerlo para entender la naturaleza humana. Cuando yo
estaba en la escuela me enseñaron a culpar al sistema económico de las
fechorías de la humanidad. Actualmente se podría culpar a los genes.

175

Este libro muestra cómo los actos malvados encajan en el patrón de la experiencia temprana. No nos sentimos inevitablemente determinados por nuestra experiencia temprana, explica el autor, porque la simple conciencia de ese patrón nos ayuda a encontrar alternativas.

El peregrino afortunado

Esta novela autobiográfica de Mario Puzo cuenta la historia de una madre que obliga a sus hijos a ganar dinero. Podríamos pensar que eso significa obligarles a estudiar profesiones bien remuneradas, pero lo que significa es: «deja el condenado libro y consigue dinero ahora». *El peregrino afortunado* es el libro realista que Puzo escribió antes de intentar escribir éxitos de ventas para ganar dinero. Llama a su madre «peregrina afortunada» porque siempre recuerda a sus hijos lo afortunados que son de tener las oportunidades en Nueva York que no tendrían en Italia. Puzo es honesto con respecto al dolor que causó su madre. No presenta a su familia como unas buenas personas amenazadas por «los tipos malos». Es un logro positivo por parte de alguien que sabe claramente cómo ser cínico. Este libro ofrece una valiosa forma de entender cómo la necesidad de comer ha motivado a los mamíferos jóvenes a aprender habilidades para sobrevivir a lo largo de la historia humana.

Afortunadamente, Mario Puzo pudo resistir las expectativas de su madre porque era el hijo menor de la familia, y sus hermanos mayores ya ganaban dinero suficiente para cubrir las necesidades básicas. Uno de los hermanos trabajó para la mafia y esta experiencia influyó en posteriores obras de Puzo.

Cuando *El peregrino afortunado* fracasó, Puzo escribió *El padrino* para pagar las facturas. Es fácil ver cómo la admiración por su hermano mayor le llevó a tener la visión comprensiva hacia la mafia expresada en *El padrino*. Puzo siempre ha insistido en que su información procedió de su investigación, pero esta obra en gran medida autobiográfica sugiere experiencias directas que no se atrevió a mencionar. El éxito de *El padrino* parece basarse en su cinismo. Satisface el sentimiento central de un mamífero de que nuestros aliados sociales son los chicos buenos independientemente de lo que hagan. La violencia está justificada en nombre de la familia y la lealtad. La solidaridad social recompensa en tan gran medida al mamífero interno que se pasan por alto los malos actos asociados con ella.

176

Estudiar a los monos y a los simios permite entender un poco mejor la popularidad de *El padrino*. Podemos ver que los personajes de Puzo expresan con palabras los impulsos no verbales de nuestros antepasados, los primates. Un ejemplo clásico lo tenemos cuando el propio padrino menosprecia a un invitado a la boda que solicita que comenten para él un asesinato. El Don no se opone al asesinato, sino tan sólo a la rudeza de pedir un favor sin antes hacer un favor. Explica con altivez que el servicio está disponible únicamente para los amigos. Todos hemos experimentado en alguna ocasión la sensación de querer obtener un favor de alguien con el que no nos hemos molestado en hacernos amigos antes de querer el favor, por lo que resulta fascinante oír esta perla del protocolo puesta en palabras por gánsteres. Don Corleone prosigue diciendo a su invitado lo que se necesita para ser «amigos», y sus expectativas se parecen a los gestos de aseo y sumisión que los monos alfa esperan de sus compañeros de grupo.

Paris Reborn (París, renacida)

Muchas personas piensan en París y se preguntan: «¿Por qué nuestras ciudades no son tan espectaculares?». Pero, si vivieran en París cuando se encontraba en construcción a mediados del siglo XIX, probablemente habrían maldecido los cambios. Los bulevares de nuestra época existen porque se expulsó a quienes vivían allí. Los monumentos arquitectónicos actuales existen debido a la búsqueda de estatus y al hecho de excederse en los presupuestos. *Paris Reborn* explica cómo se construyeron todas estas cosas a pesar de tanta acritud.

La vida sería fácil si las cosas buenas fueran creadas por buenas conductas, pero París fue creada por la conducta antidemocrática y extravagante de dos personas: Napoleón III y el barón Haussmann. El mérito de la construcción del París actual suele atribuirse a Haussmann, pero el libro muestra que Luis Napoleón aportó la idea y el impulso. El sobrino de Bonaparte (Napoleón I) no era el tipo de persona que admiraríamos hoy día. Accedió al poder mediante un golpe de Estado y reinó con pompa y ostentación. Pero estaba obsesionado con la idea de modernizar París. Alrededor de dos décadas bastaron para que la ciudad contara con agua potable, alcantarillado y sistemas de transporte modernos, además de los edificios que actualmente son característicos de la ciudad.

Si hubiéramos trabajado con el barón Haussmann, probablemente lo habríamos considerado desagradable. Ansiaba poder y quería que todo se hiciera a su modo. Mi cita favorita del libro es: «Con los cambios y las modificaciones de los planes, Haussmann denigró sin piedad a su predecesor, mientras demostraba su propia habilidad a la hora de supervisar los trabajos». Probablemente hayas trabajado con personas parecidas, y quizás hayas sentido que arruinaban tu vida. Pero si vives lo suficiente, es posible que algún día alardees de tu asociación con el Gran Ser para el Gran Proyecto.

Napoleón III y Haussmann dominaron a sus adversarios y convirtieron París en un destino para los turistas, lo cual fue un logro único para su época. Actualmente odiamos a los líderes dominadores, pero muchos de los proyectos que nos gustan los odiábamos al principio. Las críticas sin fin de los nuevos proyectos pueden conllevar parálisis, y las objeciones suelen ser defendidas por rivales que desean dominar, en lugar de hacerse por el bien de todos.

Este libro muestra cómo los líderes de un tiempo y un lugar específicos superaron la parálisis y construyeron algo.

La obra también ofrece una interesante perspectiva sobre nuestro sentido moderno de la seguridad. Cuando a los tranvías, tirados por caballos, se les añadió un piso arriba, hubo personas que cayeron desde lo alto y murieron. No obstante, estos pisos añadidos se consideraron un gran éxito. Actualmente esto sería un escándalo. Se producirían numerosas acusaciones hasta que averiguásemos quién no supo anticipar los riesgos ni implementar medidas preventivas. Nuestro mundo es sin duda más seguro gracias a estas acusaciones. Algunos riesgos no se anticipan y previenen, por lo que somos testigos de mucha indignación. Cuando funcionan los esfuerzos de prevención apenas los notamos. Algunas medidas de seguridad surgen precisamente porque alguna persona ambiciosa denigró a sus predecesores para lanzar su carrera profesional. Esto es lo que hacen los mamíferos, pero podemos apreciar los beneficios que vienen de la mano de las frustraciones.

EN RESUMEN

Las historias vitales de esta sección demuestran el profundo impacto de la experiencia temprana. No siempre conocemos los acontecimientos de la niñez de una persona, pero, cuando lo hacemos, resulta evidente el fundamento de sus expectativas posteriores. A continuación ofrezco algunos buenos ejemplos.

A John Harrison, de *Longitude*, le dieron un reloj cuando estaba en cama con viruela a la edad de seis años. Durante semanas, no hizo otra cosa que desmontar el reloj y volverlo a montar. Eso le permitió construir circuitos cerebrales que permanecieron dentro de él, y tener ideas que otras personas no tuvieron. También desarrolló circuitos para la carpintería en su juventud, mientras ayudaba a su padre.

En cuanto tuvo la suficiente edad para elegir sus propios pasos, diseñó un reloj hecho de madera. Entonces oyó hablar del Premio Longitud de 1714. Tenía buenas razones para esperar esa recompensa. Los fallos en sus experimentos ya habían adaptado su cerebro para una tarea de ese tipo.

La madre de Napoleón III siempre le decía que estaba destinado a gobernar Francia. No existían buenas razones para esperar esto porque creció en el exilio en Alemania, tras la caída de Napoleón I, sin ninguna relación con Francia. Pero desarrolló sus habilidades, condujo un tren hasta París y se hizo con el poder. Sus expectativas tempranas fueron su guía.

Semmelweis trabajaba en una clínica de obstetricia porque le habían rechazado en todos los otros cursos de estudio en que se había intentado inscribir. La obstetricia era la rama menos prestigiosa de la profesión médica de su tiempo. Semmelweis sufrió tantos rechazos en los primeros años de su carrera que no confiaba en la buena voluntad de sus colegas. Es fácil ver cómo eso influyó en sus posteriores esfuerzos por comunicarse con ellos.

Jorge VI fue tratado duramente en su juventud por su padre, por los sirvientes que tenía e incluso por sus compañeros de escuela. Su cerebro aprendió a esperar las reprimendas y a segregar sustancias químicas del rechazo cuando se atrevía a hablar.

La chica siciliana no dijo nada al ser testigo del asesinato de su padre, cuando tenía once años, para salvar su vida. Invirtió la energía que la

179

impulsaba a hacer algo en un diario que registró las idas y venidas de los asesinos. Siete años después, cuando la mafia asesinó a su hermano, sus exhaustivos registros ayudaron a convencer a la policía.

Mario Puzo creció rodeado de mafiosos. Imagina a un niño que ve a su querido hermano mayor convertirse en un «hombre de respeto». Imagina a un niño preocupado por el dinero viendo todas esas cantidades. Su cerebro desarrolló circuitos que estaban listos para dar cuerpo a los detalles más adelante.

Mary Leakey tuvo un estrecho contacto con arqueólogos cuando tenía once años. Veía cómo amaban su trabajo y conseguían respeto. Y lo más importante, respetaban a Mary como participante en sus discusiones con sus padres. Es fácil suponer cómo su cerebro se programó para esperar recompensas si se hacía arqueóloga.

Los circuitos de arqueología de Mary Leakey eran mucho más profundos. Un siglo antes de que naciera, uno de sus antepasados descubrió artefactos de la Edad de Piedra en una cantera inglesa. El primo lejano incluso encontró hachas de mano de sílex como las que Mary halló en África. El antepasado publicó un ensayo con la Sociedad de Anticuarios, afirmando la lejanía de los orígenes humanos. Sus ideas eran adelantadas para su tiempo y no fueron bien recibidas. Mary oyó hablar de este pariente a una edad impresionable, y terminó el trabajo que él comenzó.

En *Wildlife Wars*, Richard Leakey dice que se sentía muy motivado por dejar la casa paterna y mantenerse a sí mismo desde una edad temprana. Esto encaja con el comentario de Mary Leakey de que su marido era especialmente duro con Richard, como si fueran competidores. Así es cómo funcionan las familias de los gorilas. Cuando un macho joven alcanza la pubertad, su padre empieza a tratarle como un rival y el joven gorila abandona la familia por su propia seguridad. Cuando el joven Richard se estableció por su cuenta no tenía intención de entrometerse en el negocio de su padre. Pero había pasado sus primeros años sacando tierra de lugares de excavación y aprendiendo la metodología que conlleva ser un científico. Se había programado con habilidades de alto nivel sin saberlo, y después las aplicó bien.

Booker T. Washington tuvo que trabajar de niño, incluso después de que la esclavitud se hubiese prohibido en Estados Unidos. Deseaba tener

180

una buena formación y esperó años para disponer de una oportunidad. Eso desarrolló su deseo de toda la vida de ayudar a la gente a conseguir formarse. Washington estaba entusiasmado cuando tuvo la oportunidad de aprender. Los niños de hoy día, en Estados Unidos, están obligados a asistir a la escuela y rara vez sienten entusiasmo por aprender. Muchos no la valoran o la consideran un problema a evitar. La escuela es una recompensa en comparación con el trabajo infantil, pero, si la comparamos con los juegos y las distracciones actuales, las recompensas son inmediatamente obvias.

La expectativa de que el aprendizaje debe ser divertido a veces ofrece a los estudiantes la posibilidad de rechazarlo si dicen que no es divertido. Esto es un círculo vicioso porque pocas cosas de la vida son divertidas hasta que se construyen los circuitos básicos para procesarlas. Los niños que se sienten inclinados a rechazar el aprendizaje no construyen circuitos básicos para él, y este daño es difícil de reparar. Booker T. Washington acogió bien el aprendizaje porque su experiencia temprana le impulsó a considerarlo «divertido».

UTILIZA TUS CIRCUITOS

Cada cerebro construye grandes circuitos en sus primeros años, y son tan eficientes que podemos basarnos en ellos durante toda la vida. Lo importante es no culpar a nuestros padres, sino conocer cómo nuestro cerebro genera nuestro mundo. No tenemos que culpar al mundo por nuestras buenas y malas experiencias, cuando sabemos que las estamos construyendo nosotros mismos.

Nuestra experiencia temprana fue única. Nos programó para ver el mundo de una forma óptima. Podemos utilizar nuestra única lente enfocada al mundo para hacer algo que otras personas no pueden. En lugar de lamentarnos por los circuitos que no tenemos, debemos aplicar bien los circuitos de que disponemos.

MANTENERNOS EN CONTACTO

Espero que estés pendiente del Instituto del Mamífero Interno y que publiques una reseña de este libro en Internet. También deseo que me escribas si descubres una nueva forma de hacer las paces con tu mamífero interno.

Contacta conmigo en InnerMammalInstitute.org, donde encontrarás muchos recursos para ayudarte a reprogramar tu mamífero interno.

ACERCA DE LA AUTORA

Loretta Graziano Breuning creció rodeada por la infelicidad y decidió darle un sentido. No estaba convencida por las teorías de la motivación humana que aprendió en la escuela, por lo que siguió buscando. Cuando aprendió sobre el impacto que nuestras sustancias químicas cerebrales tienen sobre los animales, de repente, las frustraciones humanas cobraron sentido. Se retiró de la enseñanza y fundó el Inner Mammal Institute (Instituto del Mamífero Interior).

La doctora Breuning es profesora emérita de dirección de empresas en la Universidad Estatal de California, Bahía Este. Tiene un título de doctor en filosofía de la Universidad de Tufts y un título de grado de la Universidad Cornell, ambos en ciencias sociales multidisciplinarias. Entre sus otros libros se encuentran: *Los hábitos de un cerebro feliz: Reentrena tu cerebro para aumentar los niveles de serotonina, dopamina, oxitocina y endorfinas y I, Mammal: Why Your Brain Links Status and Happiness* (Yo, mamífero: Por qué nuestro cerebro relaciona el estatus con la felicidad]. Escribe el blog Your Neurochemical Self (Tu yo neuroquímico) en PsychologyToday.com.

El Instituto del Mamífero Interior ofrece herramientas que ayudan a las personas a hacer las paces con el animal que llevan dentro. Ha ayudado a miles de individuos a aprender a manejar sus subidones y bajones neuroquímicos. Puedes descubrir tu mamífero interior en InnerMammalInstitute.org.

Después de la universidad, la doctora Breuning pasó un año en África como parte del programa de los Voluntarios de las Naciones Unidas (UNV). Experimentó las presiones de la corrupción que perjudican el desarrollo económico y decidió enseñar a sus alumnos una alternativa. Escribió el libro *Grease-le$$: How to Thrive Without Bribes in Developing Countries* y ha ofrecido conferencias sobre este tema en China, Armenia, Filipinas y Albania.

Actualmente trabaja como voluntaria en el Oakland Zoo, donde ofrece excursiones sobre la conducta social de los mamíferos. Y cada día se maravilla de la coincidencia entre los documentales de la vida salvaje y las letras de las canciones de amor más conocidas.

ÍNDICE ANALÍTICO

ÍNDICE